초보자를 위한
투자의 정석

우석이 알려주는
실패하지 않는 주식투자법

초보자를 위한
투자의 정석

우석 지음

토트

언제나 배움이 먼저고 성공은 그다음에 오는 것이다

나는 대학에서 경영학을 전공했다. 대학원에서는 재무관리를 전공했고 주식 관련 많은 이론을 공부했다. 석사논문의 주제가 주식 평가 모형이었으니, 스스로 주식에 대해서 좀 안다고 생각했다. 나는 직장에 들어가서도 월급을 받자마자 주식투자를 시작했다. 강세장에 힘입어 돈을 벌기도 했다.

그러나 곧 시련이 찾아왔다. 7천만 원이라는 큰돈을 일시에 날리고 나니 불면의 밤이 계속되었다. 지금도 기억한다. 내게 큰 패배를 안겨준 종목은 금호타이어였다. 그 뒤로도 숱하게 많은 손해를 봤고 한 번에 10억 원을 날린 적도 있었지만, 결혼 초창기 개털이었던 내게 7천만 원은 참 큰돈이었다. 그러나 돈을 잃고 괴로워한 건 그때가 처음은 아니었다.

맨 처음 돈을 잃고 괴로워했던 일은 결혼 전, 연애시절에 일어났다. 직장에 취직하고 얼마 안 돼서 애인이(지금의 아내다) 청치마 하나 사달라고 했다. 나는 "오늘 저녁에 김 과장 집들이 가면 고스톱 해서 돈 따야 하는데, 끗발 안 붙게 뭔 재수 없는 소리야?" 하며 그녀의 말을 귓등으로 흘려버렸다.

당시 내가 다니던 직장은 월급이 세서 그런지 고스톱도 세게 쳤다. 기본 단위가 일단 센 데다 판돈을 올리는 각종 장치가 다 있는 고스톱이었다. 예를 들면 흔들기, 피박, 광박, 고도리, 쓰리고는 기본으로 있고 항상 비를 세 장 깔아놓고 쳤다. 비를 모두 가져가고 점수를 내면 2배로 쳐주었다. 그래서 고스톱 치는 날 운이 없으면 월급을 몽땅 날릴 수도 있었다. 아무리 돈을 많이 잃어도 빌린 돈은 다음 날 아침엔 칼같이 갚는 게 사내 불문율이었다.

암튼 그날 밤, 난 완전히 털렸다. 사실 산전수전 공중전으로 몇 년간 내공을 다져온 선배들이 어리바리 신입직원을 요리하는 건 식은 죽 먹기보다 쉬웠을 것이다. 고스톱 판이 세 판 돌고 나서도 누가 호구인 줄 모른다면 바로 그 자신이 호구라고 했다. 그날 밤엔 내가 호구였다. 호구 주제에 천지 분간 못하고 고스톱 귀신들 돈을 따먹겠단 허황된 계획과 꿈을 갖고 갔던 것이다.

결국 다 털리고 터덜터덜 집으로 돌아오는데 그제야 애인이 입고 싶다던 청치마가 떠올랐다. 그 돈이면 청치마를 몇 개는 사줄 수 있었을 텐데 하면서 자책했다. 도박꾼들이 왜 자기 손을 자르는지도 그때 이해하게 되었다. 실제로 나보다 한 해 선배였던 동료가 어느 날 손목에 붕대를 감고 출근했다. 이유는 말하지 않았다. 그냥 다쳤다고만 했다. 그런데 그가 고스톱 판에서 두 달 치의 월급을 잃었다는 소문이 돌던 참이어서 예사로 보이지 않았다.

나는 직장을 그만둔 뒤로는 고스톱을 하지 않는다. 역치가 높아져서인지 이젠 고스톱이 시시하고 재미가 없다. 내가 고스톱을 하면서 얻은 게 있다면, 애인이 갖고 싶은 것이 있다고 하면 돈 있을 때 바로 사줘야 한다는 교훈뿐이다.

고스톱으로 돈을 잃은 건 기분은 나빴지만 진짜 큰 타격은 아니었다. 그러나 주식으로 7천만 원을 날렸을 땐 밤에 잠이 안 왔다. 지금 생각해보면 진짜 난 아무것도 모른 채 주식투자를 한 것이다.

대학과 대학원에서 배운 이론들이 전혀 도움이 안 된다고 할 순 없지만, 시장에서 진짜 수익을 내는 데는 턱없이 부족했다. 대학에서 배운 회계, 재무, 경제학은 투자의 기초지식을 제공해주지만 돈을 벌기 위한 필요조건이지 결코 충분조건은 아니었다. 또 시장은 교과서나 학자들의 이론처럼 그렇게 돌아가지 않았다. 시장에 수업료를 내며 배워야 할 것이 많았다. 예전에 도장에서 검술을 배운 검객들이 뒷골목 검객을 만나면 바로 목이 날아간다는 말이 있었는데, 내가 딱 그 꼴이었다.

난 제법 많은 경험을 했다. 지불한 수업료만큼 교훈도 얻었다. 유럽의 전설적 투자자 앙드레 코스톨라니는 이렇게 말했다. "적어도 두 번 이상 파산을 해보지 않았다면 투자자로 불릴 자격이 없다."

세계 최대 헤지펀드를 운용하는 레이 달리오의 성공 과정도 순탄

하지 않았다. 처절한 실패로 모든 직원을 떠나보내고 생활비를 마련하기 위해 자동차까지 팔아야 하는 나락으로 떨어진 적이 있었다. 레이 달리오는 그런 참담한 실패를 통해서 깨닫고 발전하게 되었다고 고백했다.

그렇다. 우리 모두는 실패의 경험을 통해서 배우게 된다. 실패를 통해서 진지하게 자신을 되돌아보고 교훈을 얻게 됨으로써 더 나은 투자자가 될 수 있는 것이다. 그러니 주식투자에 실패했다고 낙심하지 마라. 아름다운 장미를 얻기 위해서 가시에 찔렸을 뿐이다. 언제나 배움이 먼저고 성공은 그다음에 오는 것이다.

나는 '삽질'을 정말 많이 했다. 이 책은 내가 그동안 삽질을 통해서 깨달은 교훈을 정리한 것이다. 나는 삼성카드 투자로 10억 원을 손해 본 적도 있고, 대한해운으로 5억 원을 손해 본 적도 있다. 그 외에도 헤아릴 수 없이 많은 투자 실패를 경험했다. 어떤 때는 마음의 병으로 몸까지 아프게 되어 옆에서 걱정할 만큼 살이 빠진 적도 있다. 그렇게 수많은 실패 경험이 있었기에 오늘날 내가 있는 것이다. 시장에서 쓴맛을 보는 동안 나는 조금씩 교정되었고, 지금은 그만큼 현명해졌다.

나는 재산 자랑하는 걸 좋아하는 사람이 아니다. 나는 검소하고 소박하게, 조용히 자유롭게 사는 걸 좋아한다. 그렇지만 내가 주식 책을 쓸 자격이 있는지 궁금해하는 독자가 있을 것 같아 최근 수익률을 털어놓자면, 이 글을 쓰는 2021년 6월 18일 기준, 2020년 1월부터

1년 6개월이 채 안 되는 기간 동안의 수익률이 530퍼센트다. 평범한 사람이라면 평생에 걸쳐서도 모으지 못할 만큼의 돈을 나는 불과 1년 6개월 만에 벌었다. 배움이 먼저고 성공은 그다음에 온다는 말을 나는 경험으로 확인하고 있다.

배움의 시간이 길어지며 지쳐 있는가? 배움을 발판 삼아 지혜를 쌓다 보면 분명 성공의 시간을 맞이하게 될 것이다. 나는 절대 포기하지 않으면 분명 이룰 수 있다고 믿는다. 당신도 부디 포기하지 말고 배움의 시간을 알차게 쌓아가기 바란다.

당신도 할 수 있다.

— 성공의 기운을 담아, 우석

차 례

제 1 장

주식 정보로 기업가치를 분석하는 법

제 2 장

투자 종목을 찾는 법

성공하려면
내 몸에 맞는 투자법부터 찾아라

산의 정상에 오르는 길은 여러 갈래가 있다. 어떤 길이 가장 좋은 길일까? 자신에게 맞는 길이다. 자신에게 맞는 등산로를 찾는 것이 등산의 시작이자 끝이다. 투자도 비슷하다. 내가 오랜 세월을 허비하고 많은 시행착오를 거친 끝에 깨달은 것은 자신만의 투자법을 찾아야 한다는 것이다. 물론 대가들의 투자법을 공부해서 이를 자신의 것으로 만드는 것도 중요하고 도움이 된다. 그러나 사람은 각양각색이기 때문에 대가의 투자법이라고 해서 자신에게 맞을 것이라는 보장은 없다. 대가의 방법은 대가에게 맞는 것이다. 전설적인 투자의 귀재 워런 버핏의 투자법은 워런 버핏에게 딱 맞는 투자법인 것이다. 다른 사람이 어떤 투자법으로 성공했다고 해도 그 방법이 자신에게 맞지 않는다면 아무 소용이 없다. 그래서 주식투자에 성공하려면 자신에게 맞는 투자법을 스스로 찾아야 한다.

주식은 '너 자신을 아는' 데서 시작한다 ————

자신에게 맞는 투자법을 찾으려 할 때 제일 먼저 해야 할 일은 자신이 어떤 사람인지를 아는 것이다. 무슨 말인지 언뜻 이해가 안 갈 것이다. 그래서 예를 들어본다.

내 주변에는 종목을 추천해달라는 지인이 제법 많다. A도 그중한 명이다. A는 내가 '우석'이란 걸 모르고 그냥 '주식 좀 아는 사람' 정도로만 알고 있다. 나는 A에게 내가 가장 관심을 갖고 있는 종목을 알려주었다. (이제는 시간이 좀 지났고 주가도 올랐으니 A가 좋아할 것이라 상상하며 얘기를 꺼낸다.) 그런데 웬걸! A는 사자마자 조금 떨어지기에 팔아버렸고 지금은 많이 올라서 너무 아쉽다고 했다. 그러다가 그 종목이 2배 가까이 오르며 시장에서 뜨거운 관심을 받자, 다시 샀다며 뒤늦게 연락이 왔다. A는 매수 후 2개월 정도 계속 주가가 하락하자 또 걱정된다며 내게 그 종목을 계속 보유하고 있는지, 자신은 어떻게 해야 하는지 물었다. 정말 답답할 노릇이다. 그런데 A와 같은 사람이 정말 많다.

그들은 주식을 사면 당장 다음 주에 주가가 올라야 한다고 믿는 것 같다. 조금만 하락해도 겁에 질려서 팔아버린다. 기업가치가 변하려면 기업의 실적이 발표되는 최소한 한 분기, 즉 3개월은 지켜봐야 하는 것 아닌가? 그렇지만 그들은 그렇게 하지 않는다. 그럼에도 불구하고 A는 워런 버핏의 투자법을 이야기하며 자신도 투자자라고 믿는 것 같다.

내가 볼 때 그는 투자자가 아니라 단기 매매자(트레이더)이다. 시장에는 단기 매매자가 많다. 그것이 인간의 본능이지 않을까 싶다. 대다수 사람들이 타고난 단기 매매자이다. 그래서 본능에 따라 단기매매에 성공하려면 단기매매에 맞는 종목을 선정하고, 그에 맞는 단기 매매법을 배워야 한다.

또 다른 예는 B의 이야기다. B는 겁이 많다. 물론 B뿐만 아니라 시장에는 소심하고 겁 많은 투자자가 정말 많다. B에게서 전화가 걸려오면 나는 시장이 바닥에 가까워졌다고 생각한다. 그는 주가가 내려가서 바닥 근처에 오면 불안감을 이기지 못해서 어떻게 해야 할지 내게 묻기 때문이다.

내 관찰 경험에 따르면 겁을 먹는 것도 어느 정도 타고나는 듯하다. 겁 많은 사람에게 주가가 급락하고 위험해 보일 때 투자해야 한다고 아무리 조언해도 그렇게 하지 못한다. 마치 번지점프를 권한다고 모두가 할 수 있는 게 아닌 것과 같다.

반면에 나는 겁이 없는 편이다. 공포감이 몰려올 때도 상대적으로 조금 더, 잘 투자하는 편이다. 그리고 하락의 공포도 더 잘 견디는 편이다. 나는 내가 다른 사람보다 탐욕이 많다는 것을 깨달았다. 그래서 항상 탐욕을 자제하려 애를 썼다. 나는 늘 현금을 보유하려 했고 신용투자(빚내서 투자)는 하지 않으려고 노력했다. 물론 이것도 엄청나게 비싼 수업료를 내고 뒤늦게 깨달은 교훈이다.

과거에는 현금은 하나도 없이, 100퍼센트 신용투자로 주식을 보유했다가 급락장을 맞아 정작 투자할 좋은 기회가 왔을 땐 투자하지 못하는 실패를 많이 경험했다. 그렇게 톡톡한 수업료를 치른 결과가 지금의 나를 만들었다. 나는 내 자신이 단기매매 욕구도 강하다는 것을 알게 되었다. 그래서 단기매매와 장기투자를 병행하고 있다. 이 방식이 내게 맞는다. 단기매매로 내가 가진 욕구를 어느 정도 충족시켜주어야 장기투자에 더 잘 버틸 힘이 생기는 것이다. 결국 투자에 성공하려면 먼저 자신이 어떤 사람인지를 알아야 한다.

내가 투자 종목을 고르는 기준

나는 종목을 선정하고 매매 타이밍을 잡을 때 차트도 활용한다. 특히 거래량과 OBV 지표를 중시한다. 시장의 흐름은 매일 아침 외신을 통해서 파악한다. 난 항상 미국 시장동향을 주목하며 시장의 패턴이 어떻게 변화하는지 살펴본다. 미국 시장의 흐름이 곧바로 한국 시장에도 나타나는 경향이 많기 때문이다. 난 국내 언론이 미처 다루지 못한 미국 시장 흐름을 외신을 통해서 날마다 접하기에 국내 신문만 읽는 다른 투자자에 비해 조금은 유리하다고 믿고 있다.

그리고 나는 다수의 편보다 소수 편에 서는 걸 더 좋아한다. 다수가 열광하며 많이 모이는 인기 영역의 투자는 가급적 피하려 한다. 그래서 거래량이 적을 때 사서 많을 때 파는 방식을 좋아한다. 또 주가가 최근 2, 3년 동안에 낮은 수준이었는데, 낮을 때 사는 걸 좋아한다. 아무리 투자가 유망해 보여도 주가가 이미 많이 올라 있으면 내 몫이 아니라고 생각해 포기하고 추격 매수를 자제한다.

나는 투자 관련 의사결정을 할 때는 확률적으로 접근하려고 노력한다. 주가가 오를 확률에 예상 상승폭을 곱하여 기대치를 구하고, 그 기댓값을 바탕으로 투자 여부와 투자 비중을 결정한다. 이것은 내가 케인스(John Maynard Keynes. 1883~1946. 영국의 경제학자)를 공부하면서 배운 주식투자 방식이다.

투자 종목 수는 약 10개 정도로 가져간다. 과거보다 투자 종목 수가 늘어났다. 단기매매와 장기투자를 병행하고 있기 때문이다. 종목 수가 많아지면 뜬금없이 오르는 종목이 많이 생기는데, 이때 주식을 처분하고 새로운 저가 종목으로 교체 매매한다. 난 이렇게 매매 욕구를 충족시킨다. 그리고 투자의 즐거움도 느낀다. 시장이 약세장으로 돌아선다는 판단이 들면 투자 종목 수를 줄이고 현금 비중을 늘린다.

투자 종목은 예전보다 까다롭게 고르게 되었다. 지금에 비하면 예전에는 마구잡이 투자자였다. 그러나 오랜 세월 동안 시행착오를 거치면서 종목을 고르는 기준이 점점 까다로워졌다. 주식을 고르는 더 많은 기준과 원칙이 생긴 것이다. 마치 4할대 타자가 자기에게 좋은 공이 왔을 때만 배트를 휘두르듯 나도 내가 좋아하는 종목에만 투자하게 되었고, 그렇게 함으로써 과거보다 승률을 높일 수 있게 되었다. 내가 좋아하는 투자 종목을 고르는 기준을 이 책에 상세히 밝혀놓았다.

투자 종목을 깐깐하게 고르려면 무엇보다 시행착오의 경험이 필

요하다. 나는 계속 새로운 방식을 모색하고 도전해서 마침내 내게
맞는 투자 종목이 어떤 것인지를 깨달았다. 당신도 여러 가지 방법
의 투자를 시도하며 자신에게 맞는 종목을 찾는 기준을 만들어가길
바란다. 당신의 몸에 맞는 투자법을 찾는 것 외에 다른 길은 없다.
이 책이 당신에게 맞는 투자법이 어떤 것인지를 찾는 데 아이디어
와 통찰력을 줄 수 있기를 소망한다.

제 1 장

주식 정보로
기업가치를
분석하는 법

A GUIDE BY THE

STOCK
INVESTMENT
SPECIALIST

PER은
업종 기준으로 판단한다

주가가 싼지 비싼지 무슨 기준으로 판단하면 될까? 주가가 싸면 그저 싸다고 생각하는 단순한 사람도 제법 많다. 그런 사람들은 1만 원짜리 피자 한 판을 네 조각내서 한 조각당 3천 원에 팔면 싸게 샀다고 좋아할 '호구'들이다. 여덟 조각으로 잘라 한 조각당 2천 원에 팔면 더 싸게 샀다고 더 좋아할 것이다. 이런 호구들이 있어야 주식 시장에서 돈을 벌기가 쉬워진다. 대신, 내가 호구가 되지 않으려면 PER*이라는 개념을 탑재해야 한다.

오랜 세월 증권사를 다닌 고교 동창이 한번은 내게 이런 말을 했다. 자기가 가만히 보니 한 주당 몇 십만 원으로 아주 비싸게 거래되는 주식을 사면 돈을 벌 가능성이 높지만, 몇 백 원으로 거래되는 주식을 사면 손해를 보기 쉽다는 걸 경험했다고 말이다. 난 그 말이 상

---

* PER

Price Earning Ratio, 주가수익률. 주가를 주당순이익(EPS)으로 나눈 값으로, 1주당 수익의 몇 배가 되는지를 나타내는 지표이다.

당히 일리가 있다고 생각한다. 왜냐하면 시장에는 호구가 의외로 많기 때문이다.

싸다고 싼 게 아니고, 비싸다고 비싼 게 아니다 ───────

PER이란 무엇인가? 주가를 주당순이익으로 나눈 수치이다. 그것은 뭘 의미하는가?

　포털사이트 증권코너에 들어가서 삼성전자를 검색해보자.[표1] 삼성전자의 PER은 17.45배로 표시되어 있다. 17.45배는 삼성전자 주가(54,700원)를 EPS*(3,134원)로 나눈 값이다. 17.45가 의미하는 바는 무엇인가? 삼성전자가 매년 벌어들이는 이익을 17.45년 동안 모두 합치면 현재 삼성전자 전체 주식을 살 수 있다는 뜻이다.

　매년 벌어들이는 이익을 17.45배로 계산하면 현재 삼성전자의 시가총액 326조 원이 된다는 말이다. 즉, 현재 삼성전자 주가는 이익의 17.45배에 거래되고 있다는 의미이다. PER이 낮을수록 주가가 싸게 거래되는 셈이다.

　마음에 드는 아이스크림 가게를 인수할 때 얼마를 지불해야 적당할까? 아이스크림 가게가 연간 벌어들이는 이익의 약 10배를 쳐서

---

* EPS

Earning Per Share, 주당순이익. 기업이 벌어들인 순이익을 그 기업이 발행한 총주식수로 나눈 값이다.

삼성전자 005930 코스피 | 2020.07.15 기준(장마감) 정보변경 | 거래개요▾

54,700
전일대비▲900 +1.67%

| 전일 53,800 | 고가 55,000 (상한가 69,900) | 거래량 22,040,190 |
| 시가 54,400 | 저가 54,300 (하한가 37,700) | 거래대금 1,206,915 백만 |

선차트 1일 1주일 3개월 1년 3년 5년 10년

봉차트 일봉 주봉 월봉

투자정보	호가 10단계
시가총액	326조 5,471억원
시가총액순위	코스피 1위
상장주식수	5,969,782,550
액면가 ㅣ 매매단위	100원 ㅣ 1주
외국인한도주식수(A)	5,969,782,550
외국인보유주식수(B)	3,299,408,509
외국인소진율(B/A) ▾	55.27%
투자의견 ㅣ 목표주가	3.96매수 ㅣ 65,957
52주최고 ㅣ 최저	62,800 ㅣ 42,300
PER ㅣ EPS(2020.03) ▾	17.45배 ㅣ 3,134원
추정PER ㅣ EPS ▾	14.81배 ㅣ 3,693원
PBR ㅣ BPS (2020.03) ▾	1.44배 ㅣ 38,053원
배당수익률	2019.12 ▾	2.59%
동일업종 PER	17.31배
동일업종 등락률 ▾	+1.36%

표1

가격을 지불하면 적당할 것이다. 이런 경우 PER이 10이다. 주식을 살 때 그 회사가 벌어들이는 이익의 몇 배를 쳐주고 살 것인가? 그것을 계산하는 게 PER이다.

다시 한 번 정리해보자. 이익의 10배 가격에 거래되는 주식(PER=10)이 이익의 20배에 거래되는 주식(PER=20)보다 싸다고 할 수 있다. PER이 10배인 주식은 투자금을 회수하는 데 10년이면 되지만, PER이 20배인 주식은 투자금을 회수하는 데 20년이 걸리기 때문이다. 그래서 PER이 낮을수록 주가가 싸다고 말할 수 있다.

PER을 기준으로 주식이 싼지 비싼지를 판단해야 한다. 단순히 주가가 싸다고 싼 게 아니고, 비싸다고 비싼 게 아니다. 주가는 이익 수준을 고려해서 판단해야 싼지 비싼지 알 수 있다. 이제 PER 개념을 알았다면, 339,000원에 거래되는 롯데푸드(PER=10)가 3,830원에 거래되는 국순당(PER 없음. 적자기업)보다 비싼 주식이라고 생각하는 일은 없을 것이다.

EPS는 어떻게 구하나? 삼성전자의 연간 당기순이익을 총주식수로 나누면 된다. 추정 PER은 무엇인가? PER을 계산할 때 주당순이익은 과거 이익이 중요한 게 아니라 앞으로 벌어들일 이익이 중요하다. 주가는 미래의 이익에 달려 있기 때문이다. 우리는 미래 예상 EPS를 가지고 나누어서 얻은 PER를 추정 PER이라고 한다. 예상 EPS는 애널리스트의 예상 자료를 근거로 한다. 그런데 누가 미래 이익을 정확히 추정할 수 있단 말인가? 그래서 주식투자가 어려운 것이다. 그럼에도 불구하고 우리는 추정 PER을 어림짐작으로 추정하고 투자할 수밖에 없다. 주가를 움직이는 건 과거의 실적이 아니라 미래의 실적이란 걸 명심해야 한다.

업종 평균 PER이 중요한 이유

업종별로 평균 PER이 다르다. 성장산업의 주식들은 높은 PER을 적용받고 있다. 예를 들어보자. 성장주로 간주되는 삼성바이오를 보자. PER이 175다. 이 말은 작년에 번 이익 기준으로 175년을 벌어야 지금 주식을 살 수 있다는 말이다. 향후에 이익이 늘어나면 PER이 줄어들고 또 주가가 더 오를 수도 있겠지만, PER이 이 정도로 높다면 쉽게 투자할 수 있는 종목은 아니다.

그런데 바이오주 업종 평균 PER이 125배다. 요즘 바이오주들은 성장성을 쳐주어서 아주 높은 PER을 적용받고 있다. 한국 바이오주들의 업종 평균 PER이 세계 최고 수준인 것처럼 보인다. 이렇게 비싸게 거래되는 주식을 사서 더 비싸게 팔 줄 아는 재주 있는 투자자도 많지만, 나는 고소공포증이 있어 손이 잘 안 나간다. 바이오주는 용자들과 초고수들의 영역인 듯하다.

한편 비인기 업종이나 사양산업은 매우 낮은 업종 평균 PER을 적용받는다. 예를 들자면 요즘은 은행주와 건설주가 그렇다. 은행주는 업종 평균 PER이 3.9배이고 건설주의 업종 평균 PER은 6.3배다. PER이 매우 낮다. 그런 종목에 투자하면 돈을 잘 벌 수 있을까? 글쎄, 장담하기 어렵다.

PER 지표로 투자할 때 주의할 점 ────────

PER 지표를 활용해서 투자할 때는 다음 사항을 주의해야 한다.

첫째, 배는 배, 오렌지는 오렌지, 사과는 사과와 비교를 해야 한다. PER주가 좋다고 생각한 초심 투자자가 업종에 상관없이 절대적으로 PER이 낮은 종목으로만 투자하면 어떻게 되겠는가? 아마도 은행주와 건설주만 잔뜩 사 모으게 될 것이다. 제약, 바이오, 5G, 이차전지, 전기차 등 성장성이 높은 주식은 PER이 높아서 사지 못하게 된다. 그런데 요즘 주가는 상대적으로 고PER주인 4차 산업 주식들이 더 많이 오르고 있다. 따라서 저PER주가 싸다는 말은 같은 업종 내에서 비교한 경우에 한해서만 옳다고 할 수 있다.

표2

다시 말해서 PER이 낮더라도 업종 평균 PER보다 낮게 거래되어
야 싸다고 볼 수 있는 것이다.

예를 들어보자. 음식료 업종 평균 PER은 24다. 그런데 같은 음식
료 업종에 속하는 크라운제과는 PER이 6이다.표2 일단 크라운제과
는 같은 업종 평균 PER보다 낮다. 그렇다면 크라운제과가 음식료
주식 중에서는 상대적으로 싸게 거래될 가능성이 높아 보인다. 가
능성이다. 반드시 싸다고 확신할 수는 없다. 왜냐하면 크라운제과
의 향후 이익이 줄어든다면 PER이 높아질 수 있기 때문이다. 그래
서 크라운제과가 향후에도 작년과 비슷하거나 더 나은 실적을 낼
수 있다는 게 분명하다면 크라운제과는 싸게 거래되고 있다고 볼
수 있는 것이다. (절대로 추천이 아니다. 추천한 게 아닌데 자기 마음대로
사놓고서 나중에 안 오른다고 짱돌 날리면 진짜 곤란하다.)

둘째, 시대 상황에 따라서 성장주와 가치주의 투자수익률이 다
르다. 가치주가 시장의 중심일 때가 있고 성장주가 중심일 때가 있

다. 저PER주에 투자하기를 좋아하는 가치투자자들은 2000년대에는 좋았다. 그러나 2010년 이후로는 성장주가 전성기를 맞았다. 성장주 전성기가 약 10년간 이어지고 있어 저PER주 투자자들이 별 재미를 못 보았다. 즉 시장의 트렌드가 변한 것이다. 2010년 이후 가치투자자들의 성적은 그다지 좋지 못했다. 대표적인 사례가 워런 버핏의 경우이다. 워런 버핏은 지난 10년간 S&P500*보다 투자성적이 나빴다.

앞으로 다시 가치투자의 시대가 올 것인가? 큰 트렌드 변화가 올 것인가? 누가 알겠는가? 그러나 정확히 맞춘 사람은 큰돈을 벌 수 있다.

성장주 투자의 대가 티 로우 프라이스*는 성장주의 아버지로 불린다. 그는 성장주로 큰돈을 벌었다. 그러나 말년에 모든 사람이 성장주에 뛰어들자, 정작 본인은 성장주를 버리고 가치주에 투자했다. 그 뒤, 성장주는 폭락하고 가치주는 상승했다. 시대에 따라서 성장주가 좋은 시기가 있고 가치주가 좋은 시기가 따로 있는 것이다.

* S&P500

Standard & Poor's 500 index. 미국의 스탠더드앤드푸어사가 기업규모·유동성·산업대표성을 감안하여 선정한 보통주 500종목을 대상으로 작성해 발표하는 주가지수로, 미국에서 가장 많이 활용되는 대표적인 지수이다.

* 티 로우 프라이스

T. Rowe Price. 1898~1983. 프라이스는 월스트리트의 1세대 펀드매니저의 대표주자로, 성장주 투자이론을 개척한 인물이다.

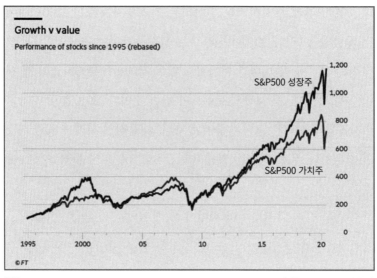

Growth v value

Performance of stocks since 1995 (rebased)

S&P500 성장주

S&P500 가치주

1,200
1,000
800
600
400
200
0

1995　2000　05　10　15　20

©FT

표3

(자료 : Brewin Dolphin)

대체로 저금리 상황에서는 성장주가 주도하고, 금리가 오르는 상황에선 가치주가 주도한다고 알려져 있다.ᵉ³ 현재 세계는 FAANG* 같은 성장주들이 주가를 주도하고 있으며, 이러한 성장주와 가치주의 격차가 사상 최대 수준으로 벌어져 있어 조만간 트렌드가 달라질 수도 있다는 경고도 심심치 않게 나오고 있는 실정이다.

결과는 과연 어떻게 될까? 누가 발 빠르게 이 변화를 감지할 것인가? 그래서 주식투자는 쉽지 않다. 그만큼 가능성이 높다.

---

* FAANG

Facebook, Amazon, Apple, Netflix, Google. 미국 IT 산업을 선도하는 페이스북, 아마존, 애플, 넷플릭스, 구글을 일컫는 용어이다.

PBR이 낮을수록
싸게 거래되고 있다는 것

주가가 싼지 비싼지를 측정하는 기준에는 PER 외에 PBR*이란 게 있다. PBR이 무엇인지 알아보자. 자, 이번에도 포털사이트 증권코너에서 삼성전자를 검색해보자. PBR이 1.4배라고 나와 있다. 그리고 BPS*가 38,053원이라고 나와 있다.표4

먼저 BPS부터 알아보자. 이는 주당장부가치라고 하는데 삼성전자 1주의 장부가치를 말한다. 장부가치란 무슨 말인가? 개인이 아닌 기업은 모든 거래를 회계장부에 기록한다. 즉 회계 처리를 한다.

삼성전자는 가지고 있는 자산(공장, 건물, 기계 등)과 부채(대출금,

---

*PBR

Price Book-value Ratio, 주가순자산비율. 주가를 주당순자산가치로 나눈 값. 즉, 주가와 1주당 순자산을 비교하여 나타낸 비율이다.

*BPS

Book-value Per Share, 주당장부가치. 기업의 총자산에서 부채를 빼면 기업의 순자산이 남는데, 이 순자산을 발행주식수로 나눈 수치를 말한다.

표4

외상매입금 등)를 모두 꼼꼼하게 회계장부에 기록한다. 삼성전자가 가지고 있는 순자산이 얼마인지 알려면 자산에서 부채를 차감하면 된다. 이 순자산을 발행한 주식수로 나누면 삼성전자 주식 1주가 가진 순자산가치를 알 수 있다. 이게 바로 BPS, 즉 주당장부가치다.

PBR 구하는 법

삼성전자의 주가 54,400원을 주당장부가치 38,053원으로 나누면 1.43이란 수치가 나오는데, 이게 바로 PBR이다. PBR(주당순자산비율) 1.43배의 의미는 무엇인가? 삼성전자 주식이 순자산의 1.43배 수준에서 거래되고 있다는 말이다. 당장 삼성전자를 장부가로 처분하면 받을 수 있는 청산가치의 1.43배 수준에서 주가가 거래된다는 뜻이다. 그러니 PBR이 낮을수록 싸게 거래된다고 말할 수 있다. 대체로 PBR이 1 이하이면 장부가보다 낮게 거래되니 싸다고 말한다.

우리나라 전체 기업의 평균 PBR은 어느 정도 될까? 보통 1 내외인 걸로 알고 있다. (다른 나라에 비해서 저평가되어 있다.) 그러나 주가가 폭락했던 2020년 3월 20일 현재 코스피의 주가순자산비율(PBR)은 0.64배로 집계됐다. 장부가치보다 매우 낮게 거래되었던 것이다.

PBR 투자는 항상 옳은가?

2020년 3월 전기·가스 업종은 PBR이 0.16배로 가장 낮았고, 그다음 으로 은행(0.17배)과 보험(0.22배), 철강·금속(0.26배), 증권(0.36배), 유통업(0.49배) 등이었다고 한다.

저PBR을 이용한 투자전략은 어떨까? 대체로 낮은 PBR에 투자하 면 더 높은 수익을 거둘 수 있다고 알려져 있다. 서울대학교 컴퓨터 공학부 문병로 교수의 주장에 따르면, 한국 주식시장에서 PBR이 가 장 낮은 하위 10퍼센트의 주식들로 포트폴리오를 구성해서 매년 4월 초에 투자하면 연평균 28.2퍼센트의 어마어마한 수익률을 올릴 수 있었다고 한다. (워런 버핏보다 높은 수익률이다.)

반대로 PBR이 가장 높은 상위 10퍼센트의 종목으로 포트폴리오 를 구성해서 투자하면 수익률이 연 마이너스 20퍼센트였다고 한다. 저PBR 투자가 수익률이 더 좋았다는 말이다.

그렇다면 저PBR 투자가 언제나 효과적일까? 내 대답은 "그때그때 달라요—"라고 말하고 싶다. 저PBR 투자전략이 대체로 효과가 있지만, 그렇지 않은 시기도 있기 때문이다.

문병로 교수의 검증은 2000~2011년의 데이터를 근거로 했다. 그 시기는 가치투자의 성적이 좋았던 때다. 즉 당시에는 저PBR 투자 성적이 좋았다.

그렇지만 2010년 이후 시장이 달라졌다. 이후 10년간은 성장주가 수익률이 좋았던 시기였다. 따라서 지난 10년간 PBR에 따른 투자성과가 문병로 교수가 검증했던 시기와 똑같았으리라고 보장하기 어렵다. 직관적으로 봤을 때도 지난 10년간 많이 오른 제약바이오주들은 현기증 나는 고PBR을 가졌고, 반대로 그동안 잘 오르지 않았던 철강, 중공업, 건설업, 자동차 등은 청산가치에도 못 미치는 바닥권 PBR을 보여주었다. 10년은 개인투자자에게 짧은 기간이 아니다. 그래서 나는 항상 저PBR 투자가 필승 투자라고 말하지 않는다.

저PBR 투자전략을 적용할 때 주의할 점이 또 있다. PBR은 실제 자산가치를 반영하지 못하는 경우가 종종 있다. 회계장부에 기록된 순자산가치를 말한다. 그러나 회계장부에 기록된 자산이 실제 가격과 차이가 날 수 있다는 점을 염두에 두어야 한다.

먼저 장부가치가 과소평가되는 경우를 보자. 예를 들어, 삼성전자가 보유한 기흥공장의 땅값은 수십 년 전에 산 땅으로 그 당시 취득가격으로 장부에 적혀 있지만, 실제 지금 당장 판다면 몇 십 배 더 비싼 땅값을 받을 수 있으니 장부가치는 실제 가치보다 과소평가된 것이다.

반대로, 장부가치가 과대평가되는 경우도 있다. 예를 들어, 의류 회사 BPS에는 대부분 미처 다 팔지 못한 철 지난 의류가 재고자산으로 잡혀 있다. 그러나 원가 수준의 가격으로 장부에 기록되어 있는 재고는 결국 무게로 달아서 '땡처리'하고 만다. 이런 경우는 장부가치가 과대평가될 수 있다.

기계장비가 많은 A기업의 예를 들어보자. A기업은 요즘 경쟁사인 B회사가 최신 장비를 도입해서 더 좋은 제품을 생산하여 파는 바람에 판매량이 뚝 떨어졌고, 급기야 적자를 보고 있다. 이런 경우에도 A기업이 보유한 장비는 최초 구입가격으로 장부에 기록되어 있고 해마다 감가상각을 한다. 그러나 경쟁력을 상실한 기계장비의 실제 가치는 고철에 불과하다. 기계장비를 팔려고 내놔도 아무도 사지 않는다. 결국 고철로 팔 수밖에 없다. 그래도 장부에는 취득원가에서 매년 감가상각을 차감한 가격으로 기록되어 있을 것이다. 이런 경우에도 장부가치가 과대평가된 것이다.

PBR 지표, 어떻게 활용할까?

투자 시 PBR을 고려한다면 같은 업종 내에서 비교하는 게 좋다. 배는 배와, 감은 감과, 오렌지는 오렌지와 비교해야 한다. 또한 PBR

수치에 너무 매몰되면 투자성과가 나지 않는다. 저PBR 종목은 대체로 성장성이 낮다고 시장에서 평가한 경우가 많아 이들 종목은 잘 오르지 않는다. PBR이 낮은 기업은 계속 저평가에 머무는 경우가 많다. 시장에는 장부가치보다 엄청나게 비싼 부동산을 가진 자산주들이 많다. 그래서 언젠가 오를 것이라고 저PBR 자산주를 산다면 생각보다 훨씬 많이 기다려야 할 수도 있다. 당신이 대주주가 아니라 그 땅을 처분할 수가 없으니 말이다. 그냥 계속 저평가 상태로 머물러 있는 경우가 대부분이고, 당신이 어떻게 해볼 방법도 없다. 만약 기업이 그 땅을 매각한다든지 하는 경우에는 오를 수 있지만, 그게 언제일지 누가 알겠는가?

나는 최근에 PBR 0.3 수준의 한국공항을 사서 재미를 좀 봤다. 대한항공이 어려워서 혹시나 자회사인 한국공항을 팔거나, 아니면 한국공항이 배당폭탄을 하여 대한항공이 배당금을 왕창 받으려 할 수도 있지 않을까 하는 생각으로 투자했는데, 운 좋게도 시장에 그런 소문이 돌아서인지 많이 올랐고 난 바로 처분했다. 이처럼 저 PBR주는 벗어날 촉매가 있다면 좋은 투자 대상이 될 수도 있다.

PBR은 개별 종목보단 업종 평균 PBR을 보고, 업종이 대체로 얼마나 저평가되었는지 측정할 때 좋다. 특히나 금융업종의 가격수준을 평가할 때 PER 기준보다 PBR 기준이 더 잘 들어맞는 것 같다.

저PBR이 진짜 저평가 상태인지 아니면 그에 합당하게 낮은 수준인지를 알 수 있는 방법이 있다. ROE*와 비교하면 된다. 통상 ROE가 10 정도이면 PBR은 1이 적당하고, ROE가 20이면 PBR은 2 정도가 적당하다고 본다. 물론 이것도 "그때그때 달라요—"이지만 개념적으로 비례한다는 것이다.

---

*ROE

Return On Equity, 자기자본이익률. 기업의 자기자본에 대한 기간이익의 비율. 즉 투입한 자기자본이 얼마만큼의 이익을 냈는지 나타내는 지표이다.

기업의 돈 버는 속도를
말해주는 ROE

전통적인 가치투자자들은 저PER과 저PBR 주식을 선호한다. 요즘 진화한 가치투자자는 수치에만 얽매이지 않고 무형의 가치를 함께 평가한다. 가치투자자 중에서 벤저민 그레이엄이 저PER, 저PBR 투자의 이론적 초석을 놓은 사람이다. 그의 제자였던 워런 버핏은 스승의 영향을 받아서 초기 투자 시절 저PER, 저PBR 주식 같은 싼 종목에 투자하기를 좋아했다. 그러나 워런 버핏은 이런 투자방식에 문제가 있다는 걸 깨달았다. 워런 버핏이 한 섬유회사를 청산가치 아래로 싸게 샀는데 아무리 시간이 지나도 가치가 오르지 않았던 것이다.

주가가 싸며, 빠르게 돈 버는 기업을 찾아라

무조건 싸게 산다고 해서 주식투자에 성공하는 것은 아니다. 왜 그럴까? 이해를 돕기 위해 비유를 통해서 설명해보겠다. 기업이 돈을 벌어들이는 속도가 느리다면 그 기업은 출발하지 않는 자동차와 같다. 차를 싸게 샀지만 달리지 못한다면 무슨 소용이 있겠는가? 그래서 워런 버핏은 기업이 돈을 버는 속도에 주목했다. 자동차로 치면 얼마나 빠르게 달릴 수 있느냐를 중시하게 된 것이다.

기업이 돈을 버는 속도는 무엇으로 측정할 수 있을까? 그게 바로 ROE다. ROE는 자기자본이익률을 말한다. 분모는 자기자본이고 분자는 당기순이익이다.

$$ROE = \frac{당기순이익}{자기자본}$$

예를 들어보자. A가 1억 원의 자본금을 들여서 중국집을 창업했는데 매년 순이익으로 1천만 원을 벌어들였다면 자기자본이익률은 10퍼센트다. ROE는 사업 수익성이 얼마나 좋은지를 알려주며, 자기 돈이 얼마나 빠른 속도로 늘어나는지를 알려주는 지표다.

ROE 30은 ROE 10보다 3배나 빨리 부자로 만들어준다. 누구나 빨리 부자가 되고 싶으니 ROE가 높은 사업을 좋아한다. 투자자도 빨리 자본이 불어나는, 즉 ROE가 높은 주식을 좋아한다. 워런 버핏은 ROE가 15퍼센트 이상인 기업을 좋아했다. ROE가 20퍼센트를 넘는 기업은 매우 수익성이 좋은 예외적인 기업에 속한다.

ROE에 대한 개념을 대충 파악했으니 좀 더 구체적으로 살펴보자. 삼성전자의 ROE가 얼마인지 알기 위해서 포털사이트 증권코너

에 들어가서 삼성전자를 조회해보자. 위와 같은 화면이 나타나는데, 여기서 종목분석과 기업현황을 클릭하면 표5가 나온다.

표5를 들여다보면 ROE라는 수치를 확인할 수 있다. 연도별 ROE가 나오는데 중앙 원 안의 숫자는 2020년 추정 ROE를 말한다. ROE가 9.53으로 나와 있다. 종목분석과 '투자지표'를 클릭해도 표5처럼 ROE를 볼 수 있다.

ROE 9.53의 의미는 무엇인가? 이것은 삼성전자가 2019년 말 기준으로 가지고 있는 자기자본을 올해(2020년)는 9.53퍼센트 더 늘린다는 말이다. 이 정도 속도면 어떤가? 그냥 평범한 수준이다.

자본금	8,975	8,975	8,975	8,978	8,975	8,975	8,975	
영업활동현금흐름	621,620	670,319	453,829	533,420	138,266	197,171	118,299	
투자활동현금흐름	-493,852	-522,405	-399,482	-345,223	-129,336	-184,860	-85,292	
재무활동현금흐름	-125,609	-150,902	-94,845	-97,895	-22,033	-4,051	-29,736	
CAPEX	427,922	295,564	253,678	297,456	67,979	78,848	85,643	
FCF	193,698	374,755	200,152	228,305	70,287	118,323	32,656	
이자발생부채	188,140	146,671	184,120		161,333	184,120	156,652	
영업이익률	22.39	24.16	12.05	14.06	12.54	11.96	11.65	12.65
순이익률	17.61	18.19	9.44	10.93	10.14	8.73	8.83	10.31
ROE(%)	21.01	19.63	8.69	9.53	10.05	8.69	8.45	
ROA(%)	14.96	13.83	6.28	7.00	7.23	6.28	6.14	
부채비율	40.68	36.97	34.12	32.83	34.14	34.12	34.19	
자본유보율	24,536.12	27,531.92	28,856.02		28,541.64	28,856.02	29,134.12	
EPS(원)	5,421	6,024	3,166	3,693	899	770	720	735
PER(배)	9.40	6.42	17.63	14.73	13.73	17.63	15.24	
BPS(원)	30,427	35,342	37,528	39,975	37,600	37,528	38,053	
PBR(배)	1.67	1.09	1.49	1.36	1.30	1.49	1.25	
현금DPS(원)	850	1,416	1,416	1,536	354	354	354	
현금배당수익률	1.67	3.66	2.54	2.82				
현금배당성향(%)	14.09	21.92	44.73	36.55	39.39	46.01	49.18	
발행주식수(보통주)	6,454,924,700	5,969,782,550	5,969,782,550		5,969,782,550	5,969,782,550	5,969,782,550	

* 분기 ROE/ROA/PER/PBR은 직전 4개 분기 데이터로 연환산 하여 산출
* 영업이익 = 매출액 - 매출원가 - 판매비와관리비
* 재무실적은 주석반영 및 검수 후 업데이트 되며 결산은 공시 후 일주일, 분/반기는 약 15일 정도 소요됨

표5
___

ROE를 어떻게 투자에 활용할 것인가? 우린 빠른 자동차를 좋아한
다. 그러나 싸야 한다. 결국 우리는 싸고 빠른 자동차를 사야 한다.
주식투자도 마찬가지다. 싸면서 빠르게 돈 버는 기업을 사야 한다
는 것이다. 그래서 주식투자를 할 때 ROE 지표 하나만 보는 것이 아
니라 주식이 싼지 비싼지를 측정하는 PBR이나 PER 자료도 함께 고
려해서 결정하는 것이다.

예를 들어보자. ROE가 10인 주식은 수익성이 평범하니 PER 10,
PBR 1 이하의 주식이 적당하다. ROE가 20인 주식은 수익성이 탁월
하니 PER 20, PBR 2까지 높아져도 비싸지 않다고 본다. 즉 기업의

수익성이 좋을수록 조금 더 비싸게 사도 바가지가 아니라는 뜻이다.

월가의 영웅 피터 린치는 이렇게 설명했다.

PER이 이익성장률보다 낮다면 저평가 종목을 찾은 것이다. 예를 들면 이익성장률이 12%이고 PER이 6인 종목은 매우 유망한 종목이다. 반면에 이익성장률이 6%이고 PER이 12인 종목은 유망하지 못한 종목이다. 이익성장률을 PER로 나누었을 때 수치가 1 이하면 안 좋고, 2 이상이면 좋고, 3 이상이면 상당히 매력적인 종목이다.

여기서 이익성장률이란 EPS(주당순이익)의 성장률을 말한다. 피터 린치가 말하는 이익성장률은 장기 이익성장률을 의미한다. 그런데 이 장기 이익성장률은 각자가 주관적으로 추정할 수밖에 없다. 하지만 장기 이익성장률을 정확하게 추정하는 것은 쉬운 일이 아니다.

나는 이익성장률(EPS 성장률) 대신에 ROE를 사용하여 주식 간에 상대적 가격을 평가한다. ROE도 기업 이익이 늘어나는 속도를 측정하는 지표이기 때문이다. ROE를 PER로 나눈 수치로 주식들 간에 상대적으로 싼지 비싼지 평가하는 것이다. 이것은 나만의 간편식 주가 평가 방식이다. 그러나 피터 린치가 말한 기준은 과거 이익이 아닌 미래 이익을 기준으로 한 것이니 미래에도 계속 수익성이 좋을지 여부를 질적 분석을 통해서 확인해야 한다. 미래에도 계속 좋은 수익을 낼 수 있다면 좋은 주식이다. 주가는 언제나 과거 이익이 아닌 미래 이익에 달려 있기 때문이다.

ROE와 PBR의 관계

앞에서 ROE와 PER의 관계를 살펴보았으니 이번엔 ROE와 PBR의 관계를 보자. ROE가 높다면 PBR이 높은 것도 용인해줄 수 있다. 어느 정도일까? 이것도 "그때그때 달라요—"다. ROE가 10이면 PBR 1, ROE가 20이면 PBR 2, 이런 식으로 비례적으로 ROE가 높을수록 PBR 수치가 높아도 적당하다는 것이다. 이 말을 달리하면 수익성이 좋을수록 조금 비싸게 사도 괜찮다는 뜻이다. 자동차에 비유하면 빨리 달릴수록 좀 더 지불해도 된다는 뜻이다.

기업이 ROE를 높이려면 어떻게 해야 하나? ROE 공식을 다르게 표현하면 다음과 같다.

ROE = 매출이익률 × 자산회전율 × 부채비율

이 공식이 무엇을 의미하는지 짚고 넘어가자. 첫째, ROE를 높이려면 매출이익률이 높아야 한다. 물건 하나씩 팔 때마다 이익률이 높아야 한다는 것이다. 즉 마진이 높은 상품을 취급해야 기업의 수익성이 높아진다는 것이다.

둘째, ROE를 높이려면 자산회전율이 높아야 한다. 이게 무슨 말일까? 좀 더 쉽게 설명해보겠다. 만약 누군가 나에게 "삼계탕집 할래? 냉면집 할래?"라고 물으면 나는 "냉면집"이라고 대답할 것이다. 왜냐면 냉면집은 몇 젓가락 건지고 후루룩 마시면 식사 끝이다. 반면 삼계탕은 빨리 먹을 수가 없다. 일단 음식이 식어야 한다. 즉 점심 시간에 장사하는 주인 입장에서 냉면집은 한 테이블에 여러 차례 손님을 받을 수 있지만 삼계탕집은 한 테이블에 한 차례의 손님으로 끝이다. 똑같은 설비(테이블과 조리 기구)라면 여러 손님을 받아서 매출을 더 늘리는 게 유리하다. 이게 바로 자산회전율이다. 물론 개념상 그렇다는 것이고 실제로 냉면집보다 돈을 더 잘 버는 삼계탕집도 많다. 주식시장에서 농산물 관련 주식이 주가를 높게 받지 못하는 이유 중 하나가 농사는 1년에 한 번밖에 지을 수 없다는 것이다.

셋째, 부채비율이 ROE를 높이는 데 도움이 된다. 예를 들어보자. A가 중국집을 창업했는데, 1억 원의 자본금으로 연간 1천만 원의 이익을 내서 성공했다. 그래서 자신감을 얻은 A는 은행에서 1억 원을 빌려 중국집 2호를 창업해서 역시 1천만 원의 수익을 냈다. 이 경우 ROE는 어떻게 될까? ROE는 20이 된다. (순이익 2천만 원/자기자본 1억 원) 부채비율을 높임으로써 자기자본이익률을 높일 수 있었다. (설명과 계산의 단순화를 위해 금융비용은 무시하자.) 사업의 수익성 자체를 판단하기에는 ROE보다는 ROA를 보는 게 더 정확하다. ROA는 순이익을 총자산으로 나눈 수치다. ROA는 부채비율과 상관없이 사업의 수익성을 알려주는 지표다. 그래서 나는 ROE를 확인한 다음에 부채비율과 ROA도 참고한다.

ROE를 주식투자에 활용하는 법 ─────

ROE를 주식투자에 활용하는 방법에 대해 살펴보자.

첫째, ROE가 15가 넘는 기업은 주목할 필요가 있다. 높은 ROE가 향후에도 지속가능하고 PER와 PBR 기준으로 싸다면 유망한 투자 종목이다. 피터 린치 기준으로 ROE/PER이 2 이상이면 좋은 투자 대상이고, 3 이상이면 매우 좋은 투자 대상이다.

둘째, ROE가 같다고 해도 사업의 성격에 따라 다르게 평가해야 한다. 예를 들어보자. 철강 회사의 ROE가 15퍼센트이고 콜라 회사의 ROE도 15퍼센트라고 했을 때 어떤 기업이 유망한가? 콜라 회사다. 왜 그런가? 철강 회사는 수익이 나면 계속 설비투자를 해야 한다. 남는 돈이 전부 자기 돈이 아니다. 경쟁에서 뒤처지지 않기 위해 계속 설비투자를 해야 한다. 반면에 콜라 회사는 어떤가? 남는 돈이 전부 자기 돈이다. 콜라 제조비법이 변하지도 않고 새로운 설비투자도 할 필요가 없기 때문이다. 그래서 ROE가 같다면 제약바이오, 게임, 기술주 등이 설비투자를 필요로 하는 전통 산업인 철강, 조선, 석유화학 같은 중후장대 기업보다 투자에 더 좋은 대상이다.

지금까지 주식투자를 평가하는 데 가장 중요한 지표인 PER, PBR, ROE에 대해서 알아보았다. 그 정도만 알아도 주식시장에서 중간은 갈 수 있다. 주식시장은 넓고, 대책 없는 호구들은 지천으로 널렸기 때문이다.

PER, PBR, ROE의 관계

PER, PBR, ROE는 주식의 가치를 평가하는 중요한 요소이다.
아래 그림을 보면 주식가치를 평가하는 세 가지 측정방법에 대해
쉽게 이해할 수 있다.

① PER : 기업의 수익가치를 알아보는 방법이다. 수익의 몇 배에
주식이 거래되는지를 파악하는 것이다.
② PBR : 기업의 자산가치를 알아보는 방법이다. 순자산가치의
몇 배에 주식이 거래되는지 측정하는 방법이다.
③ ROE : 기업의 성장성을 측정하는 방법이다. 즉, 얼마나 빨리
기업이 돈을 벌어들이는지 속도를 측정하는 방법이다.

ROE/PER은 가격을 감안한 성장성을 측정하는 방법이다. 이 세
가지를 종합적으로 판단하여 투자를 결정한다. 일반적으로 PER은
10 이하, PBR은 1 이하이면 좋고, ROE/PER은 1 이상이면 좋다.

수치에 집착하면
정작 중요한 것을 놓칠 수 있다

지금까지 주식을 살 때 주가가 비싼지 싼지를 알기 위해, 이를 측정하는 지표인 PER, PBR, ROE 등을 알아보았다. 그런데 이들 수치에 너무 매몰되면 투자수익을 내기 어렵다. 왜 그럴까? 그런 수치들을 잘 알면 주식시장에서 어처구니없는 호구가 되는 걸 피할 수는 있다. 그러나 돈을 버는 게 보장되지는 않는다.

주가를 움직이는 보이지 않는 힘

PER, PBR, ROE 등의 수치가 돈을 벌게 해준다면 컴퓨터로 돈을 번 사람이 부지기수였을 것이다. 그런데 현실은 그렇지 않다. 두 가지 이유가 있다.

첫째, 이미 공개된 정보이기 때문이다. (추정 수치는 개인마다 다를 수 있다.) 당신만 그 수치를 보는 게 아니고 다른 많은 투자자도 보기에 그 수치만 안다고 수익을 내기는 어려운 것이다. 둘째, 주가를 움직이는 것은 과거 이익이 아니고 미래의 이익 추정치이기 때문이다. 즉, 주가를 움직이는 건 과거의 수치가 아니라 미래를 추정하게 하는 상상과 꿈이라는 것이다. 그래서 과거 수치만 보고 투자하면 수익을 내기 쉽지 않다.

신라젠의 예를 들어보자. 신라젠은 2017년 15만2천 원을 찍고 주가가 하락하다가 거래정지되었다. 2016년, 2017년에도 신라젠의 PER, PBR, ROE 등의 밸류수치만 놓고 보면 결코 살 수 없는 종목이었다. 수치만 보는 투자자는 이런 종목에 투자하기 어렵다. 그러나 신라젠은 계속 올랐다. 왜냐하면 주식은 미래의 꿈과 비전을 먹고 오르기 때문이다. 항암제 개발에 성공하면 대박이 날 것이라는 희망 때문에 주가가 치솟은 것이다. 신라젠은 시총 8조 원대까지, 코스닥 시총 2위 자리까지 올랐다. 주가는 밸류에 상관없이 오른 것이다.

희망이나 꿈, 비전은 수치로 나타낼 수 없다. 그런데 이런 것들이 주가를 움직이므로 PER, PBR, ROE 수치보다 더 중요하다. 신라젠은 2017년까지 대박주였다. 숫자만 보는 투자자는 이런 대박주를 놓치게 되는 것이다. 그러나 투자에는 위험이 따른다. 신라젠이 항암제 임상 3상을 중단했다는 소식과 함께 주가는 추락했다. 주가가 열 토막 난 지금도 장부가치의 17배, 즉 PBR이 17배다. 여기서 추가로 열 토막이 더 난다 해도 나는 전혀 놀라지 않을 것이다.

주식투자에 상상력이 필요한 이유

와이지엔터테인먼트를 보자. 수치를 살펴보면 2019년에 적자였다. 그래서 PER 수치가 안 나온다. 2020년 추정 PER은 161배이고 PBR은 2.3, 추정 ROE는 1.4퍼센트이며 배당은 없다. 이 수치만 보면 와이지엔터테인먼트를 사기는 어렵다. 그러나 주가는 오를 수 있다. 주가를 움직이는 동인이 과거의 수치에 있는 게 아니라 다가올 미래에 있기 때문이다. 기관투자자인 투신은 매수를 해오고 있다. 밸류를 나타내는 수치는 별로였지만 그들은 계속 매수를 해오고 있다. 투신은 왜 매수하는 걸까? 남들이 보지 못한 것을 본 것일까? 투신의 펀드매니저만이 그 속을 알 것이다.

내 추측은 이렇다. BTS의 소속사 빅히트가 상장되면 시총이 약 4조에서 6조 원에 이를 것으로 추정하고 있다. 이에 비하면 와이지엔터테인먼트의 8천억 원은 쌀까 비쌀까? 누가 알겠는가? 그렇지만 투신의 펀드매니저는 싸다고 생각해서 매수했을 것이다. 현재 와이지엔터테인먼트의 블랙핑크는 BTS 다음으로 글로벌 스타다. 유튜브 구독자 수가 아리아나 그란데(Ariana Grande, 미국의 가수이자 작사가)를 능가하고 있다. 조만간 에미넴(Eminem, 미국 힙합 역사상 가장 뛰어난 아티스트)을 추월할 것이라고 한다. 블랙핑크의 최신곡은 유튜브 역사상 최단기 1억 뷰를 찍었다. 유튜브 인기로만 보면 세계적인 가수인 것이다. 블랙핑크가 올해 본격적으로 컴백 앨범을 내고 공연을 하게 된다면 돈을 얼마나 벌어줄 수 있을까? 거기에 와이지

엔터테인먼트가 그동안 공을 들여온 보이그룹 트레저(TREASURE)가 2020년 8월 7일 데뷔했다. 멤버 중 네 명이 일본인이라 일본 시장에 대한 기대가 크다고 한다. 그리고 빅뱅이 제대 후 다시 활동을 재개한다면 수익성이 더 좋아질 수 있다. 이런 미래에 대한 기대감이 와이지엔터테인먼트의 주가를 움직이고 있는 것이다.

미래의 기대감은 수치로 나타내기 어렵다. 그렇지만 이러한 기대감이 밸류수치보다 더 중요하고 주가를 움직이게 만든다. 주가를 결정하는 것은 과거의 죽은 숫자가 아니라 다가올 미래의 사건이다. 투자자의 상상력과 감이 잘 어우러졌을 때 주식투자로 큰돈을 벌 수 있다. 주식투자에는 상상력이 필요하다.

제 2 장

투자 종목을
찾는 법

A GUIDE BY THE

STOCK
INVESTMENT
SPECIALIST

투자 종목은
어떻게 찾는가?

2,300개의 종목 중에서 어디에 투자해야 할까? 포털사이트의 증권 코너를 활용해서 투자 종목 찾는 법을 알아보자. 추상적이고 개념적으로 설명하기보다는 구체적인 예를 들어 설명하는 것이 좀 더 이해가 쉬운 방법인 것 같다.

투자 종목을 찾는 과정

나는 뉴스를 보면 아이디어가 떠오르는 편이다. 일례로, 2020년 7월 30일 삼성전자가 2020년 2분기 실적 발표를 하는 콘퍼런스 콜을 진행했다. 그때 "TV의 경우 2분기 판매량이 10퍼센트 중반 감소했다"라며 "3분기 판매량은 40퍼센트 초반 상승할 것으로 예상한다"라는 언급이 나왔다. 3분기에 TV 판매량이 40퍼센트나 늘어난다고? 40퍼센트면 꽤 많이 늘어나는 것이다. 삼성전자의 TV 판매량이 늘어나면 수혜를 보는 종목이 뭐가 있지? 바로 한솔테크닉스와 삼진이 떠올랐다. 한솔테크닉스는 삼성전자 TV의 백라이트 유닛과 LED칩을 만든다. 삼진은 삼성전자 TV의 리모컨과 스피커를 만들고 있다.

두 종목이 싼지 비싼지 먼저 밸류를 검토해보자. 싸야 살 수 있는 것 아닌가? 주가가 싼지 비싼지를 판단할 때 무슨 지표를 사용한다고? 앞서 배운 PER, PBR, ROE가 바로 그 지표다. 이들 지표를 가지고 두 종목을 비교해보자!

	한솔테크닉스	삼진
PER	21	4.6
PBR	1	0.7
ROE	5	16
배당률	0	2

위 표에는 ROE가 직접 표시되어 있지 않다. 그래서 ROE부터 구해야 한다. ROE는 EPS를 BPS로 나누면 구할 수 있다. (왜 그런지는 곰곰이 생각해보라.) 계산이 귀찮다면 다른 화면에서 찾아보면 된다. 네이버금융 → 종목분석 → 기업현황을 찾으면 된다.

일단 이 두 종목을 수치로만 비교해보자. 이익기준인 PER 기준으로 삼진이 싸다. 청산가치인 PBR 기준으로도 삼진이 싸다. 기업의 수익성을 나타내는 ROE에서도 삼진이 더 수익성이 좋다. 배당률을 보면 한솔테크닉스는 배당금을 주지 않지만, 삼진은 얼마 안

되지만 은행이자보다 더 많이 준다.

ROE/PER 수치를 보면 한솔테크닉스는 0.24이고 삼진은 3.48이다. 이 수치가 2 이상이면 좋은 투자대상이라고 했다. 삼진은 합격이다. 이렇게 간략하게 몇 가지 수치를 비교해보니 삼진이 상대적으로 싸 보인다. 일단 삼진에서 조금 더 조사해볼 가치를 확인한 셈이다. 여기까지가 1단계다. 이제 투자 결정에 앞서 확인할 것들을 점검해보자.

투자를 결정하기 전에
체크해야 할 것

관심 종목이 생겼다면 투자 여부를 결정해야 한다. 어떻게 결정하는가? 다음의 네 가지 포인트를 꼼꼼하게 체크하면 관심 종목에 대한 1차 검증은 큰 실수 없이 마칠 수 있다.

기업의 비즈니스 모델을 확인한다

삼진은 어떻게 돈을 버는 기업인가? 이걸 알려면 네이버증권에서 삼진 → 전자공시 → 분기보고서 → 사업내용 순으로 클릭해서 찾아보면 된다. 다음의 표는 그렇게 찾은 삼진의 사업내용이다.

매출액 비중을 보면 리모컨, IOT(Internet of Things, 사물인터넷), 스피커 순이다. 삼진은 삼성전자에 해당 품목을 납품하는 하청업체다. 전체 매출이 삼성전자에 기대고 있기 때문에 회사의 운명이 삼성전자에 달려 있다. 삼성전자가 납품가격을 인하하려 들면, 삼진

(단위 : 백만원)

사업 부문	회사명	매출 유형	품목	구체적 용도	주요 상표	매출액(비율)	
						금액	비율(%)
전자 부품	(주)삼진 PT.SAMJIN Qingdao Samjin (주)삼진씨앤 아이	제품	리모컨	TV용	삼성등	24,441	73.1
			IoT	스마트홈	삼성등	3,056	9.1
			기타	스피커외	삼성등	3,632	10.9
		상품	기타	해외공장 원재료	-	2,309	6.9
계					-	33,438	100.0

입장에서는 삼성전자의 처분에 따를 수밖에 없다. 삼진은 갑이 아니라 을이다. 이런 모델은 제품가격에 대한 교섭력이 없기 때문에 좋은 사업 모델이 아니다.

삼진에게 희망이 있다면 삼성전자가 추진하는 IOT 사업이 급성장하여 삼진의 매출도 따라 성장하는 구도이다. 삼진의 IOT 사업에는 냉장고나 세탁기에 장착하여 통신과 연결해주는 와이파이 모듈과 집 안의 가전제품을 스마트폰으로 원격 제어할 수 있게 해주는 스마트싱스 허브가 있다. IOT 사업이 향후 삼진의 성장 동력이 될 수 있을까? 누구도 알 수 없다.

대주주의 능력과 인성, 주식보유비율을 확인한다

대주주가 44퍼센트의 주식을 보유하고 있다. 이건 합격이다. 대주주의 주식보유비율이 매우 낮은 경우는 조심해야 한다. 대주주가

기업의 성장과 함께 돈을 벌려 하지 않고 엉뚱한 데 투자하여 돈을 벌려 할 수도 있기 때문이다. 예를 들면 회사의 건물을 싼값에 넘기고 뒷돈 챙기는 방식으로, 회사에 손해를 끼치며 개인적으로 착복할 수 있기 때문이다. 대주주의 주식보유비율은 30퍼센트를 넘은 게 좋다.

대주주의 인성과 능력은 더 중요하다. 대주주가 어떤 사람인지 알려면 그의 학력과 경력을 살펴보는 게 조금은 도움이 된다. 네이버에서 '전자공시'를 클릭하면 분기보고서가 뜬다. 최근 분기보고서를 클릭하고 그다음에 '임원 및 직원 등의 현황'을 클릭하면 경영진의 최종학력과 경력이 나온다. 삼진의 경우를 보면 김승철이 대주주인데, 2세 경영자이다. 주요 경영진의 경력도 같이 살펴본다. 이 회사는 삼성전자와 연세대 출신이 많아 보인다. 아무래도 삼성전자에 납품하는 회사이다 보니 그런 것 같다.

대주주에 대한 정보를 얻기 위해서 검색창에 '삼진'과 '김승철'이란 키워드를 함께 쳐본다. 그러면 아래와 같은 표를 확인할 수 있다.

(문서 목차)	성명	성별	출생년월	직무	등기임원 여부	상근 여부	담당 업무	주요경력	소유주식수 의결권 있는 주식	소유주식수 의결권 없는 주식	최대주주와의 관계
3. 자본금 변동사항 4. 주식의 총수 등 5. 의결권 현황	김승철	남	1971년 01월	대표이사	등기임원	상근	회사총괄	서울대학교경영전문대학원 (주)삼진 신규사업부문장	2,038,000	–	본인
6. 배당에 관한 사항 등 7. 정관에 관한 사항 II. 사업의 내용	조현호	남	1958년 02월	사장	등기임원	상근	경영총괄	성일상업고 삼성전자(주) VDA사업부 생산총괄	–	–	타인
III. 재무에 관한 사항 1. 요약재무정보 2. 연결재무제표	황익대	남	1964년 11월	부사장	등기임원	상근	기술연구소장	연세대학교 전자공학과 삼성전자 VDA사업부 STB 사업팀장	–	–	타인
3. 연결재무제표 주석 4. 재무제표	김영재	남	1973년 07월	사외이사	등기임원	비상근	사외이사	연세대학교 회계법인 라인 이사	–	–	타인
5. 재무제표 주석 6. 기타 재무에 관한 사항	신동호	남	1958년 04월	사외이사	등기임원	비상근	사외이사	연세대학교 (주) 사이클로직 경영고문	2,000	–	타인
IV. 이사의 경영진단 및 분석의견 V. 감사인의 감사의견 등 VI. 이사회 등 회사의 기관에 관한 사항	김흥식	남	1955년 04월	사외이사	등기임원	비상근	사외이사	청주대학교 삼성전자 서안반도체법인 법인장, 단지장	–	–	타인
1. 이사회에 관한 사항 2. 감사제도에 관한 사항 3. 주주의 의결권 행사에 관한 사항	김효섭	남	1960년 02월	부사장	미등기임원	상근	해외법인장	고려대학교 전자공학대학원 국제경영(석사) 태레(인물)전자 기획	–	–	타인
VII. 주주에 관한 사항 VIII. 임원 및 직원 등에 관한 사항 1. 임원 및 직원 등의 현황 2. 임원의 보수 등	김승욱	남	1973년 06월	전무	미등기임원	상근	경영지원실장	연세대학교 (주)삼진	200,000	–	특수관계인

56

삼진이 대를 이어 삼성전자에 납품해온 협력사이고 삼성전자 지정 강소기업이란 기사가 눈에 띈다. 이제 삼진이 어떤 회사인지 감이 올 것이다. 그렇지만 여전히 경영자의 능력이나 인성에 대해선 정확히 알 수 없다.

기업의 안정성과 수익성을 체크한다 ───────

일단 최근 3년간의 매출액과 영업이익, 그리고 당기순이익을 체크한다. 3년 이상 매출이 줄거나 영업이익이 적자인 기업은 조심해야 한다. 삼진은 최근에 꾸준히 이익을 내온 회사다. 영업이익률을 체크해보자. 대체로 하청업체의 영업이익률은 5퍼센트 정도다. 대기업은 납품업체에 겨우 먹고살 만큼의 이익만 남겨준다. 그런데 작년 영업이익률이 9퍼센트까지 올랐으니 하청업체치곤 꽤 괜찮은 수익성이다.

왜 그렇게 수익성이 좋았는지도 자세히 알아볼 필요가 있다. 또 장부상으로만 돈을 벌었는지 아니면 실제 돈을 벌었는지도 체크해봐야 한다. 이걸 알기 위해서는 '영업활동 현금흐름'을 보면 된다. 이 지표를 보면 삼진이 실제로 돈을 잘 벌고 있음을 알 수 있다.

그리고 부채비율도 체크해야 한다. 중소형주는 부채비율을 꼭 체크해야 한다. 망하는 기업의 90퍼센트 이상은 부채비율이 높다. 삼진의 부채비율은 26퍼센트인데 이 정도면 이자를 주는 금융기관

부채는 없다는 뜻이다. 26퍼센트의 부채는 매입채무(원재료를 외상으로 사오는 것)일 가능성이 높다. 업종에 따라 부채비율이 다른데 일반적으로 100퍼센트를 넘어서면 주의해야 하고, 200퍼센트를 넘어가면 매우 신중해야 한다. 부채비율을 본다면 삼진은 매우 안전한 회사라고 할 수 있다.

회사에 대한 궁금증은 어떻게 해소하는가?

투자한 기업에 대한 궁금증은 기업을 직접 탐방하여 설명을 들어도 좋다. 아니면 회사의 주식담당자에게 전화로 물어보면 된다. 다음 표를 보자.

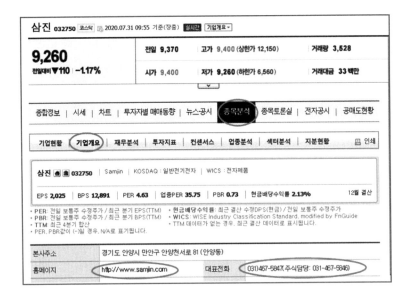

증권코너 → 종목분석 → 기업개요 순으로 들어가면 회사 홈페이지와 주식담당자의 전화번호가 나온다. 회사 홈페이지로 들어가면 이 회사가 만드는 제품이 무엇인지도 볼 수 있다. 회사에 대한 궁금한 내용은 주식담당자에게 전화로 요령껏 물어보면 된다. 주식투자를 잘하는 고수들 중에는 매일 통화하는 사람도 있다고 한다. 나는 날마다 통화할 만큼 물어볼 게 많을까 싶긴 하지만 그래도 회사에 대해 알고 싶은 게 있으면 물어보는 게 좋다.

아주 간략히 수익성과 안정성을 체크했다. 이 정도만 체크해도 불량기업의 95퍼센트 이상을 걸러내고 상장폐지 당하는 일은 피할 수 있다.

투자할 것인가 말 것인가?

지금까지 삼진에 대해서 간략하게 살펴보았다. 부채비율은 낮고 수익성은 괜찮았고 가격도 쌌다. 경영진의 능력에 대해서는 정확히 파악할 수 없었다. 사업모델은 글로벌기업 하청업체로, 삼성전자에 의존하고 있어 그다지 좋은 비즈니스 모델은 아니라고 할 수 있다.

이제 이 회사에 투자할 것인가 말 것인가 결정해야 할 시점이다. 향후 삼진의 이익이 늘어날 것인가 추측해보자. 삼성전자의 3분기 TV 판매량이 증가해서 삼진의 리모컨과 스피커 매출액이 늘어날까? 아무도 장담 못한다. 단기투자자라면 그에 대한 판단으로 투자 여부를 결정하게 될 것이다. 장기투자자라면 향후 삼진의 IOT 사업이 실제로 성장할 수 있을지를 가늠하게 될 것이다.

당신은 어떻게 생각하는가? 투자란 이처럼 미래가 불확실하기에 절대로 쉬운 게 아니다. 우리는 미래라는 불확실성 속에서 각자의 느낌으로 투자하므로, 그 느낌이 적중했을 때 보상을 받고 빗나가면 손해를 보게 된다.

지금까지 어떤 식으로 투자 종목에 접근하는지 살펴보았다. 이것은 최소한의 검토다. 다른 투자 종목에도 적용하면 된다.

3년간 영업손실이 나면
경고 사인이다

워런 버핏은 자신이 주식투자 종목을 고르는 방법에 대해서 이렇게 말한 적이 있다.

"나에게 100개의 주식에서 10개의 투자 종목을 뽑으라고 하면 처음부터 제일 유망한 종목을 뽑으려 하지 않을 것이다. 대신에 가장 나쁜 종목을 먼저 제외시킨 다음에 나머지를 가지고 궁리할 것이다."

먼저 피해야 할 종목에 대해 알아보자.

고수가 아니면 피해야 할 종목

추상적으로 말하는 것보다 예를 들어 설명해야 머리에 쏙쏙 들어온다. 한 종목을 예로 들어본다.

2020년 8월 19일, 더블유에프엠 종목의 상장폐지 결정 뉴스가 떴다. 이 종목으로 설명해보려 한다.

더블유에프엠 035290 코스닥 🏷 2020.08.19 기준(장마감) 실시간 기업개요▼ 관심종목					
11,750 전일대비 ━0 0.00%	전일 0	고가 0 (상한가 0)			거래량 0
	시가 0	저가 0 (하한가 0)			거래대금 0 백만

선차트 1일 1주일 3개월 1년 3년 5년 10년 봉차트 일봉 주봉 월봉

매수위험

최고 75,000 (02/28)

83,137
69,851
56,566
43,280
29,994
16,709
3,423

최저 9,930 (09/30)

거래량

2015/09 2016/01 2017/01 2018/01 2019/01 2020/01

Financial Summary 주재 무제표 ▼ 검색 IFRS ⑦ 산식 ⑦ • 단위 : 억원, %, 배, 주 • 분기 : 순액기준

전체 연간 분기 **위험경고**

주요재무정보	연간							
	2015/12 (IFRS연결)	2016/12 (IFRS연결)	2017/12 (IFRS연결)	2018/12 (IFRS연결)	2019/12 (IFRS연결)	2020/12(E) (IFRS연결)	2021/12(E) (IFRS연결)	2022/12(E) (IFRS연결)
매출액	222	159	128	87	81			
영업이익	11	-4	-37	-47	-59			
영업이익(발표기준)	11	4	-37	-47	-59			
세전계속사업이익	-44	-9	-82	-50	-195			
당기순이익	-95	-10	-80	-44	-198			
당기순이익(지배)	-91	-10	-80	-44	-198			
당기순이익(비지배)	-4	0	0	0				
자산총계	241	179	172	425	221			
부채총계	89	44	38	287	209			
자본총계	152	135	133	138	12			

먼저 차트를 보자.

위 차트를 보면 2019년도에 매수한 투자자가 가장 억울할 듯하다. 그런데 2019년도에 매수하면 안 되는 경고 사인을 이미 보냈다.

투자자의 불찰일 가능성이 높다. 왜 그런지 보자.

네이버증권에 들어가서 검색하면 이 종목은 코스닥에서 최근 4년간 영업손실을 보이고 있음을 확인할 수 있다. 2019년에도 이미 앞서 3년간 영업손실을 보고 있었다. 그런데도 아무 생각 없이 투자했다면 투자자의 불찰이 크다. 이건 그냥 암기하면 된다. "3년간 영업손실이 나면 경고 사인이다." 밑줄 치고 별표 5개! (코스닥 종목의 경우 4년간 영업손실을 보면 관리종목에 편입된다. 이때 주가가 급락한다. 그리고 5년간 영업손실을 보이면 상장폐지된다. 그러니까 3년 이상 영업손실을 보이는 종목은 경고 사인이 들어온 종목이라고 보면 된다.)

아래 표를 보자.

2020년 3월의 감사보고서를 클릭해서 보면 감사의견이 '의견 거

절'로 나온다. 회계법인의 의견 거절이 상장폐지의 결정타가 된 것이다. '코스닥 종목+3년간 영업손실' 조합은 항상 조심해야 한다. 단, 유가증권시장(코스피) 종목은 영업손실이 아무리 오래 지속되어도 상장폐지되지 않는다. 또 코스닥 종목이어도 기술특례 종목은 아무리 영업손실이 오래 지속되어도 상장폐지되지 않는다. 이처럼 자세히 들여다보면 좀 복잡해진다. 그러니 단순하게 3년간 영업손실이 나면 일단 경고 사인이라는 점만 기억하자. 이것만 알아두어도 상장폐지 종목의 절반 이상은 피해갈 수 있다.

또 다른 종목을 보자. 비츠로시스다.

이 종목은 3년간 영업손실을 보았다. 그런데 벌써 상장폐지 사유가 발생했다. 왜일까? 자본금을 들여다봐라. 자본금이 다 잠식된 상태다. 이런 경우 감사보고서를 작성해주는 회계법인이 감사를 거절하거나 한정이나 부적정으로 의견을 내면 상장폐지 수순을 밟게 된

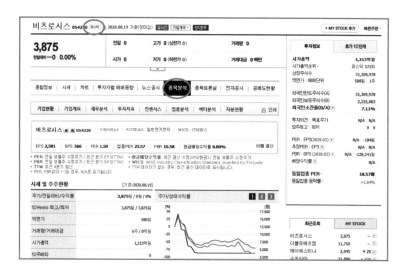

주요재무정보	연간							
	2016/03 (IFRS별도)	2017/03 (IFRS별도)	2018/03 (IFRS별도)	2019/03 (IFRS별도)	2020/03 (IFRS별도)	2021/03(E) (IFRS별도)	2022/03(E) (IFRS별도)	2023/03(E) (IFRS별도)
매출액	635	721	753	253	70			
영업이익	24	20	-55	-241	-16			
영업이익(발표기준)	24	20	-55	-241	-16			
세전계속사업이익	13	17	-236	-1,019	-1			
당기순이익	13	11	-222	-1,062	-1			
당기순이익(지배)	13	11	-222	-1,062	-1			
당기순이익(비지배)								
자산총계	1,147	1,232	1,073	249	248			
부채총계	529	549	578	1,120	1,120			
자본총계	618	684	495	-871	-872			
자본총계(지배)	618	684	495	-871	-872			
자본총계(비지배)								
자본금	201	214	219	261	261			
영업활동현금흐름	-128	86	-39	-109	8			

다. 그래서 3년간 영업손실을 보이면 조심하고, 꼼꼼하게 재무제표
를 살펴봐야 한다는 것이다.

3년간 영업손실을 본 종목은 무조건 피해야 하나?

3년간 영업손실을 보면 무조건 피해야 할까?

반드시 그렇지는 않다! 고수에겐 오히려 그런 종목이 큰 수익을
안겨줄 수도 있다. 3년간 영업적자를 본 뒤 턴어라운드에 성공한다
면 주가가 많이 오르기 때문이다. 관리종목에 편입될 우려로 주가

가 하락했지만, 적자에서 흑자로 돌아선다면 주가가 다른 주식에 비해 더 많이 오르는 경우가 많다.

대체로 위험과 수익은 비례한다. 그래서 고수들은 그런 종목을 깊게 조사하고 투자하기도 한다. 경매 전문가들이 일부러 권리분석이 복잡하고 위험해 보이는 물건을 경락받는 것과 같다. 그러나 이건 어디까지나 고수에 한해서이고 일반 투자자들은 조심해야 한다.

부채가 너무 많은 기업은 피하라

3년간 영업적자를 보인 코스닥 종목은 조심해야 한다. 4년간 영업적자이면 관리종목으로 추락하여 주가가 급락하고, 5년간 적자가 지속되면 상장이 폐지된다. 여기에 더해 피해야 할 종목은 부채가 너무 많은 기업이다. 이런 기업은 불경기 때 망할 수 있다. 이번 코로나 사태처럼 경기가 침체되었을 때 충분히 견딜 수 있을 정도의 자금을 확보한 기업은 어려운 시기를 이겨낼 수 있지만, 부채가 과도한 기업은 이겨낼 수 없다. 부채가 많은 기업 모두가 문제를 일으키는 것은 아니지만, 문제를 일으킨 대부분의 회사는 부채가 과다한 경우였다.

부채비율은 업종에 따라 다르다. 예를 들어 항공운송 회사의 경우는 비행기나 배를 사다 보니 큰돈이 들어 부채비율이 다른 업종에 비해서 높다. 또 금융기관도 워낙 큰 자금을 운용하다 보니 부채비율이 높다. 반면에 네이버, 카카오 같은 기술주의 경우는 대체로 낮은 편이다. 따라서 부채비율은 업종별 평균을 감안해서 판단해야 한다. 한국의 비금융기관 평균 부채비율은 약 100퍼센트 정도다. 부채비율이 100퍼센트를 초과하면 주의하고 200퍼센트가 넘어가면 매우 신중해야 한다. 부채비율이 다소 높더라도 안정적으로 이익을 꾸준히 내준다면 괜찮지만, 그렇지 않다면 피해야 하는 기업이다.

크게 상승하기 어려운
종목은 피하라

반드시 피해야 할 종목이 아니라도 크게 상승하기 어려운 종목은 초보자들에게 어렵다. 예를 들어 정부 규제가 심한 종목은 이익을 내기 쉽지 않다. 어느 정당이건 공기업이 이익을 많이 내는 걸 반겨하진 않는데, 특히 싫어하는 정당이 있다. 그런 정당이 집권을 하면 공기업의 주가는 오르기 힘들어진다. 왜냐하면 공기업이 적자를 보더라도 국민에게 혜택을 제공해야 한다는 철학하에 공기업의 제품과 서비스 가격을 통제할 수 있기 때문이다.

정부 개입이 큰 기업

한국전력을 보자. 이 회사의 대주주는 산업은행과 국민연금이다. 결국 정부가 주인이다. 정확히 말하자면 집권 여당이 주인 역할을 하게 되는 것이다. 진보 정권은 공기업이 이익을 추구하기보다는 국민에게 봉사하기를 원하는 경향이 있다. 그래서 진보 정당이 집권하면 공기업 투자는 조심해야 한다. 한국전력도 2017년도까지는 수익률이 괜찮은 편이었지만, 2018년 이후 적자로 돌아서면서 주가는 계속 하락하고 있다.

또 다른 종목으로 강원랜드를 보자. 이 회사는 누구든 경영할 수 있는, 정말 수익성이 좋은 기업이다. 그러나 치명적인 단점이 있다. 바로 정부가 주인이라는 것이다. 한국광해관리공단, 강원도개발공사, 정선군청이 주주로 참여하고 있다. 그래서 이익이 발생하면 강원도와 정선 등 지자체를 위해 그 이익을 쓰라는 압력이 들어온다. 임원진도 정권이 바뀔 때마다 정치권 인사로 채워진다. 인사비리 기사가 수시로 터져 나오고, 그로 인한 사건사고도 심심치 않게 들려온다. 강원랜드 임원진은 이익을 많이 내는 게 목표가 아니다. 소액주주의 이익을 대변하는 것도 목표가 아니다. 집권 여당의 정책에 맞게 행동하는 게 가장 좋은 처신이다. 그러다 보니 회사가 경비를 절감하고 이익을 많이 내서 그 이익을 주주에게 돌려주기를 바라는 것은 미련한 생각이다.

정부가 대주주가 아니어도 가격통제권을 갖는 주식은 재미를 보기 어렵다. 대표적으로 도시가스 회사를 들 수 있다. 가스 가격을 정부가 정해주다 보니 망하지는 않지만, 이익이 큰 폭으로 상승할 일이 없기 때문에 주가 상승도 기대하기 어렵다.

투자의 대가 존 템플턴*도 정부가 가격통제를 하는 등 간섭하기 쉬운 사업을 하는 기업에는 투자를 꺼려 했다고 한다. 그는 정부의 간섭을 피할 수 있는 최후의 기업으로, 모자 만드는 기업을 예로 든 적이 있을 만큼 정부의 통제 아래 있는 기업은 피하라고 조언했다.

* 존 템플턴
John Templeton. 1912~2008. 투자회사인 템플턴그로스사(Templeton Growth)를 설립하였고, 투자 범위를 세계적으로 확대한 글로벌 펀드라는 새로운 분야를 개척했다. '월스트리트의 살아 있는 전설', '영적인 투자가' 등의 별칭으로 불린다. 종교계의 노벨상으로 불리는 템플턴상을 제정하였다.

경영진을 신뢰할 수 없는
회사는 피하라

초보자를 위한 투자 포인트를 한번 정리하고 넘어가자. 3년간 영업 적자인 코스닥 종목 조심! 부채비율 과다 종목 조심! 정부 규제 심한 종목 조심! 여기에 하나 더하자면, 믿을 수 없는 대주주와 경영진이 운영하는 회사를 조심해야 한다.

한국증시에 상장된 중국 주식은 피하라

중국 주식들은 PER, PBR, ROE 기준으로 보면 대체로 저평가된 상태다. 그러나 거기에 현혹되면 안 된다. 싸게 거래되는 이유가 있기 때문이다. 그들의 회계장부는 믿을 수 없다. 중국 기업의 회계란 고무줄 장부라서 정말 신뢰하기 힘들다. 어느 날 갑자기 흑자 도산하는 경우도 있다. 마른하늘에 날벼락이란 이런 경우를 두고 한 말일 것이다. 그런데 그런 일이 정말 발생한다. 그동안 수치만 보고 싸다고 중국 주식에 들어가서 상장폐지로 손해를 본 투자자들이 얼마나 많은지 모른다. 대표적인 사례로 중국원양자원을 들 수 있다.

국내에 상장된 중국 기업 24곳 중 11곳이 회계 부정 등의 이유로 상장폐지되었다. 이후에도 이런 일이 계속 발생되지 않는다는 보장이 없다. 중국인들이 모두 나쁜 사람은 아니지만 한국증시에 상장된 중국 주식은 조심해야 한다. 좋은 기업이라면 왜 한국증시에 상장하겠는가? 홍콩이나 중국에 상장하면 될 텐데 말이다. 간단하게 생각하면, 그런 조건을 갖추지 못해서 한국증시에 상장한 것이다.

물론 중국 주식이 모두 회계 부정을 저질렀다고 말하는 것은 아니다. 다만 재수가 나쁘면 그런 중국 기업에 걸려들 가능성이 있으며 사건이 터지기 전까지는 아무도 알 수 없다. 그러니 중국 주식은 아예 쳐다보지도 않는 게 좋다.

대주주 지분율이 너무 낮은 기업은 조심하라 ────────

대주주 지분율이 30퍼센트를 넘어서면 안심해도 되지만 그렇지 않은 경우는 조심하는 것이 좋다. 대주주 지분율이 낮으면 왜 위험하다는 걸까? 대주주 지분율이 높은 경우는 대주주가 장기적으로 회사를 키워서 그로 인한 주가 상승을 원한다고 볼 수 있는 반면, 지분율이 낮은 회사는 작전이나 불법으로 돈을 벌려는 유혹에 빠지기 쉽기 때문이다.

회사 건물을 싼값에 처분하고 뒷돈을 받아 챙기거나 작전으로 돈을 챙기거나 하는 유혹에 빠지기 쉽다. 그리고 사고 치는 회사를 보면 대주주의 지분율이 낮은 경우가 많다.

대주주가 자주 바뀌는 기업은 조심하라

대주주가 자주 바뀌는 경우는 무엇 때문일까? 이는 회사가 잘 안 된다는 뜻이다. 주인이 자주 바뀌다가 나중에는 전문 사기꾼들 손에 넘어가서 작전으로 한탕 해먹고, 회사는 껍데기로 남겨 상장폐지 수순으로 가는 경우가 대부분이다. 그러니 회사의 이름을 자주 변경하거나 주인이 매번 바뀌면 조심해야 한다. 또 본업은 엉망인데 핫한 신규 아이템으로 신사업을 벌이겠다는 경영진도 눈여겨봐야 한다. 한탕주의자일 가능성이 높기 때문이다.

부정직한 대주주나 경영진은 피하라

부정직한 대주주나 경영진은 따로 모찌계좌(차명계좌를 뜻하는 은어)를 만들어서 회사 실적을 일부러 더 나쁘게 만들어 주가가 급락하면 주식을 사 모으거나 또는 전환사채를 발행하고, 자기 관계자가 인수하게 한 뒤 회사 실적을 좋아 보이게 만든 다음 주가가 오르면 비싼 가격에 내다 판다. 이런 부정직한 대주주나 경영진이 의외로 많다. 작전주는 대개 대주주와 내통하는 경우가 많고 대주주가 작전의 몸통인 경우도 흔하다. 그렇다면 부정직한 대주주나 경영진을 어떻게 알아볼 수 있을까? 그걸 미리 알 수 없다는 게 주식투자의 함정이다. 대주주나 경영진의 그동안 살아온 삶을 보고 감으로 판단할 수밖에 없다.

케인스와 워런 버핏은 경영자의 자질을 투자 요인 중 가장 중요한 것으로 보았다. 주식투자라는 것은 결국 대주주와의 동업이란 걸 명심하고 동업자가 어떤 사람인지 잘 파악해야 한다. 대주주는 소액투자자의 뒤통수를 칠 수 있는 100가지 방법을 알고 있다. 그러니 처음부터 신뢰할 만한 동업자를 고르는 게 현명한 일이다.

제 3 장

시장의 흐름을
알아보는 법

A GUIDE BY THE

STOCK
INVESTMENT
SPECIALIST

세계증시와 한국증시의
움직임을 알아보다

주식시장이 어떻게 흘러가고 있는지 파악할 때 가장 주목해야 할 투자 주체는 외국인이다. 세계시장에서 한국 주식시장의 규모는 약 2퍼센트가 안 되는 걸로 알고 있다. 즉 한국 주식시장은 거대한 세계증시의 한 변방이고 세계증시의 바다에 떠 있는 나뭇잎과 같은 존재라는 것이다. 한국증시를 잘 파악하기 위해서는 세계증시가 어떻게 흘러가고 있는지 알아야 한다. 물론 세계증시의 중심은 미국이다. 그래서 미국증시의 움직임을 우리는 주목해야 한다.

미국증시 보는 법

나는 인베스팅닷컴(Investing.com)을 통해 미국증시를 본다. 휴대폰에 앱을 다운받아 사용하면 편리한데, 일단 컴퓨터 화면 기준으로 설명해본다.

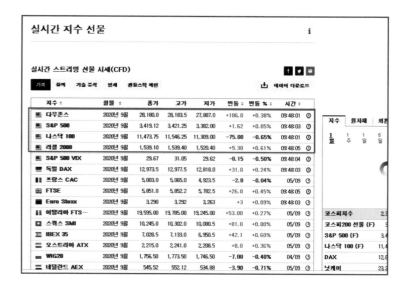

실시간 지수 선물

실시간 스트리밍 선물 시세(CFD)

가격 실에 기술분석 성세 캔들스틱 패턴

데이터 다운로드

지수	월물	종가	고가	저가	변동	변동 %	시간
다우존스	2020년 9월	28,180.0	28,183.5	27,887.0	+106.0	+0.38%	09:48:01
S&P 500	2020년 9월	3,419.12	3,421.25	3,382.0	+1.62	+0.05%	09:48:03
나스닥 100	2020년 9월	11,473.75	11,546.25	11,309.00	-75.00	-0.65%	09:48:01
러셀 2000	2020년 9월	1,539.10	1,539.40	1,520.40	+9.30	+0.61%	09:48:05
S&P 500 VIX	2020년 9월	29.67	31.05	29.62	-0.15	-0.50%	09:48:04
독일 DAX	2020년 9월	12,973.5	12,977.5	12,818.0	+31.0	+0.24%	09:48:03
프랑스 CAC	2020년 9월	5,003.0	5,065.0	4,923.5	-2.0	-0.04%	05/09
FTSE	2020년 9월	5,851.0	5,852.2	5,782.5	+26.0	+0.45%	09:48:05
Euro Stoxx	2020년 9월	3,290	3,292	3,263	+3	+0.09%	09:48:03
이탈리아 FTS…	2020년 9월	19,595.00	19,785.00	19,245.00	+53.00	+0.27%	05/09
스위스 SMI	2020년 9월	10,245.0	10,302.0	10,080.5	+81.0	+0.80%	05/09
IBEX 35	2020년 9월	7,028.5	7,133.0	6,950.5	+42.1	+0.60%	05/09
오스트리아 ATX	2020년 9월	2,215.0	2,241.0	2,208.5	+8.0	+0.36%	05/09
WIG20	2020년 9월	1,756.50	1,773.50	1,746.50	-7.00	-0.40%	04/09
네덜란드 AEX	2020년 9월	545.52	552.12	534.88	-3.90	-0.71%	05/09

지수 원자재 외환

1 1 1 6
월 주 일 일

코스피지수	2,3
코스피200 선물 (F)	3
S&P 500 (F)	3,4
나스닥 100 (F)	11,4
DAX	12,8
닛케이	23,2

이 사이트에서 맨 먼저 보아야 할 것은 현재 미국증시의 선물상황이다. 한국 주식시장이 열릴 때 미국은 선물시장이 열린다. 즉 한국 주식시장이 열리면 미국증시의 실시간 변화를 봐야 한다는 것이다. 전날 미국증시가 얼마 올랐고 얼마 내렸는가보다 지금 실시간 미국증시의 변화를 나타내주는 게 바로 미국 선물시세다. 그러니 지금 실시간 미국 선물시세를 보고 한국증시를 판단해야 한다.

예를 들어보자.

위에서 확인한 미국증시의 선물시세는 상승세다. 박스 안을 보자. 다우존스지수, S&P500지수, 러셀2000지수는 상승 중이고 나스닥 선물지수만 하락 중이다. 이것을 해석하면 다우존스지수는 미국 전통주가 많이 포함되어 있고, S&P500지수는 시가총액 기준으로 상위 500개 기업의 지수를 나타내며 러셀2000지수는 중소형이다. 한편 나스닥지수는 기술주가 대거 포진되어 있는 것이다. 그러니 나스닥지수의 선물시세가 하락한 것은 그동안 급등해온 기술 대형주들이 조금 조정을 보이는 것이고, 반면 팬데믹으로 타격을 입은 중소형주들이 많이 포함된 러셀2000지수는 상승하고 있다고 보는 것이다.

외환시장 읽기

이제 외환시세를 볼 차례다. 사람들은 대개 주식시장이 제일 큰 것으로 알고 있는데, 채권시장과 외환시장 규모가 주식시장보다 훨씬 더 크다. 정확히는 알 수 없으나 10배 이상으로 추정하는 자료를 본 적이 있다. 즉 외환시장과 채권시장을 봐야 주식시장이 더 잘 보인

표6

다는 말이다.

가장 중요한 원달러 환율시장을 보자. 실시간 선물시세를 확인해보자. 원화가격이 강세고 달러가 약세다. 이런 상황은 한국 주식시장이 오를 가능성이 높다는 뜻이다.

다음은 채권시장을 보자. 그중에서도 미국채 10년물을 봐라. 표 6에서 확인할 수 있다.

채권가격이 오른다는 것은 금리가 떨어진다는 말이다. 금리가 떨어지면 일반적으로 성장주에 유리하다. 만약 금리가 상승하면 일반적으로 가치주, 경기변동주에 유리하다.

외국인 파생상품
포지션을 파악하는 법

미국 주식시장의 흐름을 살펴보았으니 이번에는 한국증시의 흐름에 대해 알아보자. 증권사 HTS(Home Trading System, 홈트레이딩시스템)를 이용해서 한국 주식시장의 흐름을 살펴보겠다. 삼성증권의 HTS를 예로 들어보자.

시장종합표 읽는 법

HTS에 들어가면 첫 화면의 상단에 메뉴 바가 뜬다. 상단 메뉴 바에서 시장정보를 클릭한다. '시장정보 → 시장종합'으로 들어가면 표 7의 화면이 나온다.

　시장종합은 시장의 흐름을 한눈에 볼 수 있는 종합표다. 먼저 읽는 방법을 알아두어야 한다. (모든 증권사 HTS에는 시장종합표가 있다.) 이 표에서 빨간 동그라미 부분을 보자. 투자 주체별 매매동향이 표

표7

시되어 있다. 여기서는 외국인의 매매동향을 주목해야 한다. 외국인은 코스피도, 코스닥도 팔았다. 선물은 순매수다. 옵션은 콜옵션과 풋옵션 둘 다 순매도다. 콜옵션이란 주식을 특정 가격에 살 수 있는 권리이고, 풋옵션은 특정 가격에 팔 수 있는 권리다.

자, 외국인은 장세를 어떻게 보고 있는가? 장이 좋을 것으로 본다면 현물주식(코스피, 코스닥)을 순매수할 것이다. 물론 선물도 순매수할 것이다. 그리고 콜옵션은 사고 풋옵션은 매도할 것이다. 위 표를 보면 현물은 팔고 선물은 사고 있다. 또 옵션은 팔고 있다. 이런 경우엔 어떻게 판단해야 하나? 현물주식 순매도 규모는 1,111억 원(620+491)이다. 선물 순매수 규모는 23억 원 정도이다. 이것만 보고 외국인이 주가가 하락할 것에 대비해 하방 포지션을 구축하고 있다고 판단하면 안 된다. 대체로 선물과 옵션 포지션을 기준으로 외국인의 의도를 파악하는 게 맞다. 이는 선물시장이 현물시장보다 크기 때문이며, 선물시장이 주고 현물시장이 종인 경우가 많다.

선물과 옵션 포지션은 어떻게 판단하는가? ────────

외국인이 선물을 매수하고 풋옵션을 매도한 것은 장세가 오를 것으로 보는 신호이지만, 콜옵션을 매도했으니 이는 장세가 하락할 것이라고 볼 때 나타나는 현상이므로 종합적으로 판단해야 한다. 종합적으로 판단해야 한다는 것은 무슨 말일까? 걱정 마시라. 생각보다 쉽다.

HTS의 상단 메뉴에서 선물옵션을 찾아서 클릭한다. 그런 다음에 '선물옵션→선물옵션 시장분석→옵션포지션 추정'으로 들어간다. 그러면 다음의 표8이 나온다.

선물과 옵션을 합성한 외국인의 포지션이 그림으로 나타나 있다.

이 표에서 우리가 최종적으로 확인하고자 하는 것은 아래쪽에 나타난 합성포지션이다. 우상향이면 외국인이 상방으로 포지션했다는 것이다. 우하향이면 외국인이 하방으로 포지션했다는 것이다.

그런데 그림이 좀 이상하다. 현재 가격대에서 외국인이 선물옵션시장에서 가장 많은 수익을 얻고 있으며 주가가 추가로 하락하거나 상승하면 이익이 줄어드는, 바가지를 엎어둔 모습이다. 이것은

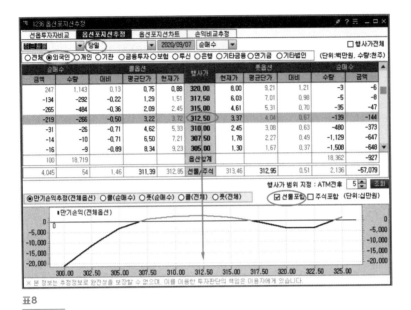

표8

단 하루 동안 체크한 외국인의 포지션이다. 하루만 가지고 외국인의 포지션을 정확히 알 수 없다. 그러니 최근 3일간의 포지션을 살펴보자. 합성포지션이 확실한 우상향을 보이고 있다. 외국인은 파생상품을 상방에 배팅하고 있다는 것이 한눈에 보인다.

선물은 3개월마다, 즉 3, 6, 9, 12월에 만기가 있고 옵션은 매달 만기가 있다. 지난 옵션 만기 후부터 현재까지 외국인이 어떤 포지션을 취하고 있는지를 파악해보자. 표9에서 확인할 수 있다.

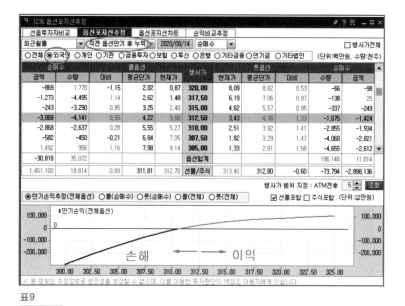

표9

표9는 우상향 그림이다.

그동안 살펴본 그림 세 가지를 종합해 분석하면 다음과 같다. 외국인은 지난 옵션 만기 후에 주가가 오를 것에 대비해 선물옵션 포지션을 구축해왔으며, 3일 전까지만 해도 그런 추세였는데 현재 미묘한 변화를 보여주고 있다.

업종별, 테마별
흐름을 체크하라

주식시장은 떼를 지어서 움직인다. 무슨 말일까? 구체적인 사례를 통해 주식시장이 어떻게 움직이는지 살펴보자.

뉴스에서 주식 아이디어를 얻는 법

뉴스 하나가 떴다. 미국이 중국의 SMIC(반도체 위탁생산 업체) 기업을 블랙리스트에 올려 제재한다는 뉴스다. 무슨 생각이 드는가? 'SMIC 망했네'라는 생각만 들었나? 그러면 돈을 못 번다. 이 뉴스를 접한 순간 '그럼 수혜주가 뭐지?' 하는 생각이 들어야 한다. 그래야 주식으로 돈을 벌 수 있는 것이다.

나는 그 뉴스를 듣고 이런 생각을 했다. '삼성전자와 SK하이닉스가 반사이익을 볼 수 있지만, 좀 더 구체적으로 들어가면 삼성전자의 하청업체 중에 비메모리 반도체(시스템반도체) 관련 종목에 투자하면 수혜를 볼 수 있겠네.' 물론 꼭 그렇게 된다는 것은 아니다. 내 추측이 그렇다는 것뿐이다. 어쨌거나 그런 감과 촉에 의지해서 나는 시스템반도체 종목 중에 뭘 사야 하나 고민한다. 그리고 아침 장이 시작되자마자 산다. 그렇게 선택한 게 시스템반도체 관련주였다.

돈이 돈을 버는 게 아니라 판단력이 관건이다 ──────

자, 이제는 다시 국내 주식시장이 어떻게 떼를 지어서 움직이는지 살펴보자. 포털사이트 증권코너를 통해 알아보자.

아래 표는 2020년 9월 8일 오전 국내 주식시장의 움직임이다.

이 표로 알 수 있는 것은 무엇인가? 첫째, 주식은 그룹으로 움직인다. 둘째, 뉴스를 보고 예상한 게 시장에서도 어느 정도 들어맞고

| 금융 홈 | 국내증시 | 해외증시 | 시장지표 | 펀드 | 리서치 | 뉴스 | MY |

국내증시 금융홈 > 국내증시 > 업종별 시세

│ 업종별 시세

업종명	전일대비	전일대비 등락현황				등락그래프
		전체	상승	보합	하락	
음료	+3.72%	15	9	0	6	
IT서비스	+3.60%	66	46	7	13	
소프트웨어	+3.37%	48	32	2	14	
핸드셋	+3.09%	68	48	9	11	
전자장비와기기	+2.55%	85	53	8	24	
반도체와반도체장비	+2.51%	116	76	8	32	
출판	+2.20%	5	4	1	0	
생명보험	+2.09%	7	4	0	3	
인터넷과카탈로그소매	+2.04%	12	10	2	0	
사무용전자제품	+1.99%	2	2	0	0	
방송과엔터테인먼트	+1.93%	54	35	10	9	

있다. 시스템반도체주가 상승률 랭킹 3위 안에 들었으니 얼추 맞춘 것이다.

주식시장에서는 이렇게 돈을 버는 것이다. 결국 돈 버는 것은 판단력에 달려 있다. 그러니 돈 없다고, 기회가 주어지지 않는다고 불평하지 말고 스스로 준비되지 않았음을 탓해야 한다.

업종별, 테마별 주가등락을 주목하라

주식은 떼를 지어 움직인다. 그러니 업종별, 테마별로 주가등락을 주목해야 한다.

어느 날 가지고 있던 종목의 주가가 하락했다면, 그 종목의 업종이나 테마를 체크해보라. 만약 같은 그룹의 주식들이 함께 하락했다면, 종목에 문제가 생긴 게 아니다. 주가가 상승했을 때도 마찬가지다. 그러니 내 종목이 업종별, 테마별로 어디에 속해 있는지를 파악하고 그 움직임을 살펴야 내 종목의 주가 움직임을 더 잘 이해할 수 있다.

테마주는
어떻게 접근해야 하나

테마주란 현재 사람들의 관심을 끌며 이슈가 되는 주식을 말한다. 수소주, 5G주, 태양광주, 시스템반도체주, 로봇주, 바이오주, 엔터테인먼트주, 남북경협주, 대선주 등이 여기에 속한다.

대선 테마주는 왜 오르는 걸까?

테마주는 시대상황을 반영한다. 테마주에서 내가 가장 당혹해하는 것이 대선주다. 대선주란 유력 대선주자와 관련된 주식을 말하는데, 왜 오르는지 합리적으로 설명하기가 쉽지 않은데도 항상, 그것도 엄청 오르는 경우가 많다. 내 한 친구는 대선 테마주에 동참해서 많은 수익을 내고 있다.

사실 대선 테마주에 참여하여 수익을 내는 투자자를 뭐라고 비판할 수도 없다. 꿩 잡는 게 매 아닌가? 모로 가도 서울만 가면 되는 것이다. 주식시장에서는 수익을 내는 사람이 위너다. 나는 토탈소프트(해운·항만·물류 산업의 운영 솔루션을 공급하는 소프트웨어업체)를 가치투자 관점에서 매수한 적이 있다. 그런데 그 종목이 유력 대선후보 관련주로 분류되어서 2배 이상 급등했다. 운 좋게 팔고서 수익을 챙길 수 있었다.

초보자를 위한 테마주 투자법

테마주는 어떻게 접근해야 하는 걸까? 먼저 테마주의 특성을 알아야 한다. 첫째, 테마가 미치는 영향이 크고 중요할수록 테마주의 상승은 오랫동안 지속될 수 있다. 바이오주, 5G주, 전기차주, 수소주 등이 해당된다. 둘째, 계절성 테마는 한시적으로 제한적인 경우인데 주가 상승 기간과 폭이 짧다. 연초에는 중소형주가 많이 오르고, 봄에는 황사주(안약, 마스크, 공기청정기)와 조류독감주, 여름에는 폭염주와 장마주(제습기, 선풍기, 농약, 비료, 에어컨, 빙과)가 오르고, 겨울에는 독감방역주(백신) 등이 오르는 경향이 있다.

대표적인 계절성 테마주

- 공기청정기 : 크리앤사이언스, 하츠, 위닉스
- 마스크 : 모나리자, 오공, 케이엠, 웰크론
- 안과 : 안국약품, 디에이치피코리아, 삼천당제약

- 장마주 : 위닉스, 효성오앤비, 경농, 조비, 남해화학

- 폭염주 : 신일산업, 파세코

- 동물백신주 : 중앙백신, 제일바이오, 이글벳, 체시스, 대성미생물

마지막으로 테마주에 투자할 때는 펀더멘털*을 먼저 분석하고 투자해야 한다. 테마는 좋은데, 그것이 실적 개선으로 나타나지 않는다면 그 테마주는 장기간 오르기 힘들다. 실적 개선이 없는 테마주들은 대체로 상승폭을 반납하여 주가가 원위치로 돌아오는 경우가 대부분이다. 따라서 실적 개선이 있는 테마주에 투자하는 게 좋고, 펀더멘털 분석상 저평가주를 사야 한다.

실적이 개선되고 테마가 지속된다고 해도 너무 고평가되었다면 사지 말아야 한다. 아무리 좋아도 너무 비싸면, 사면 안 된다! 그걸 어떻게 판단하는가? 기본적으로 PER, PBR, ROE 등의 기준으로 판단하지만 결국엔 촉과 감이다.

테마주 투자의 성공 공식은 다음과 같다.

테마주 투자 성공 = 실적개선 + 테마지속성 + 저평가

---

* 펀더멘털

Fundamental. 한 나라의 경제상태를 나타내는 데 가장 기초적인 자료가 되는 성장률, 물가상승률, 실업률, 경상수지 등의 주요 거시경제지표를 말한다.

주식시장의 주요 흐름을 정리해주는 사이트

시장의 흐름을 읽기 위해서는 세계 자본시장의 중심지인 미국시장을 항상 주목해야 한다. 미국시장의 흐름을 잘 알 수 있는 방법은 무엇일까? 다음은 내가 자주 찾는 사이트다. 왕초보는 다음 두 개 사이트만 봐도 충분하다.

마켓워치

나는 마켓워치(www.marketwatch.com)를 매일 본다. 해외 정보를 검색할 때는 구글(google.com)이 편한 것 같다. 구글에서 marketwatch를 입력하면 다음과 같은 화면을 볼 수 있다.

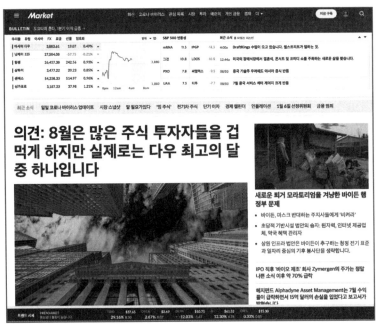

https://www.marketwatch.com

여기서 시장의 흐름과 이슈를 파악할 수 있다. 미국시장에서 가장 핫한 중요한 소식을 전해준다. 마켓워치만 봐도 글로벌 주식시장의 흐름을 이해할 수 있다. 유명 투자자와 전략가들의 시장에 대한 생각을 읽을 수 있어 좋다. 주식시장의 흐름은 이 사이트 하나로도 충분히 파악할 수 있다.

토마토TV

국내 주식시장의 흐름에 대해서는 토마토TV(tv.etomato.com)를 권하고 싶다. 유튜브에서 실시간 라이브 방송을 들을 수 있다. 장시작 전에 전일 미국시장과 국내 시장을 요약해 소개해주므로 시장 흐름을 쉽게 알 수 있다.

☰ tomato**TV**	ON-AIR	
토마토 모닝쇼(07:00)		
글로벌 시황센터		VOD
글로벌 외신센터		VOD
모닝 타임즈		VOD
연결고리		VOD
모닝 뉴스		VOD
오늘장 모닝?		VOD
열린시장 상한가를 잡아라 : opening bell 1부(08:30)		
열린시장 키워드		VOD
오프닝 레포트		VOD
열린시장 상한가를 잡아라 : opening bell		VOD
환율 출발 점검		VOD
지니s 오프닝 Pick		VOD

http://tv.etomato.com

제 4 장

초보자가
주식시장에서
살아남는 법

A GUIDE BY THE

STOCK
INVESTMENT
SPECIALIST

자신을 이기는 사람이
주식투자에서도 이긴다

많은 사람들이 주식투자에 쉽게 접근하려 한다. 그리고 성공적인 투자공식을 찾는다. 주식투자에서 성공적인 투자공식은 무엇일까? 수학공식 같은 간편한 투자공식이 있기는 한 걸까? 대부분의 사람들은 그동안 자신들이 수익을 내지 못하고 실패한 이유로 투자공식을 알지 못했기 때문이라고 생각하고, 그것을 알려주는 책이나 유튜브에 매달린다.

사실 나는 그런 접근방법에 회의적이다. 투자공식이나 단순기법은 알려지는 순간, 남들도 쉽게 따라 할 수 있기 때문이다. 그런 공식이나 기법은 공개되는 순간, 그 마법은 사라져버린다.

공개된 후에도 계속 효과가 있으려면 어떤 투자법이어야 할까? 그것은 쉽게 따라 할 수 없는 것이어야 한다. 즉 진입장벽이 있는 투자법이라야 계속 효과를 볼 수 있다는 것이다.

"모든 뛰어난 것들은 희귀한 만큼 얻기가 어려운 것이다." 철학자 스피노자의 말이다. 그것은 주식투자 성공법에도 그대로 적용된다. 즉, 주식투자에 성공하려면 남들이 하기 어려운 걸 할 수 있어야 한다. 그게 무엇일까? 바로 인간의 본능을 거스르는 투자를 해야 한다는 것이다.

같은 종목인데 이익 보는 사람, 손해 보는 사람 ─────

사람들은 주식투자에서 성공하기 위해 가장 중요한 게 종목 발굴이라고 생각한다. 맞는 말이다. 그러나 좋은 종목을 발굴한다고 해서 모두가 성공하는 게 아니다.

한 지인이 A와 B에게 같은 종목을 말해주었는데, A는 그 종목으로 돈을 많이 번 반면, B는 돈을 잃었다고 한다. 어떻게 된 걸까? A는 지인으로부터 그 이야기를 듣자마자 바로 주식을 샀지만, B는 주가가 움직이지 않고 횡보하고 있어서 사지 않고 있다가 한참 많이 오른 천장 부근에서 사면서 오히려 손해를 보았다는 것이다.

이처럼 같은 종목인데 누구는 이익을 보고 누구는 손해를 본다. 주가가 직선으로 우상향하며 오르지 않기 때문이다. 주가는 오히려 산 가격보다 하락했다가 시간이 많이 지난 다음에 오르기도 한다. 이렇게 주가가 비정형적으로 출렁거리면서 상승하기에 같은 종목이라도 누구는 이익을 보고 누구는 손해를 보는 것이다.

진득하게 종목에 대해 이해하기

다른 사례를 들어보자. 2020년 3월 이후로 주식이 많이 올랐다. 코스닥은 바닥에서 거의 100퍼센트 올랐다. 다들 이 시점에서 주식투자를 시작했다면 이익을 많이 낼 수 있었을 것이라고 생각한다. 그러나 절대로 그렇지 않다. 다음은 인터넷 사이트에 올라온 글이다.

2020년 3월 코로나 때문에 주식시장이 폭락한 후에 주가는 급반등세를 보였습니다. 그러나 이런 상승장에서도 저는 1억5천만 원을 투자해서 8천만 원 손실을 보았습니다. 누구나 수익을 내는 장세에서도 전 절반 가까운 투자금액을 날렸습니다. 가만히 두었다면 수익을 냈을 텐데, 뭐가 그리 급해서 손절, 손절, 손절을 했고 또 상따(상한가 따라 사기)하다가 손절했습니다. 마카오에서 바카라(카지노에서 어느 한쪽을 택하여 9 이하의 높은 점수로 승부를 가림) 게임하듯 투자를 하니, 몇 주 만에 투자원금의 절반 가까이가 날아갔습니다. 주식투자, 정말 쉽지 않네요.

이번에는 수개월 투자하는 스윙투자로 작전을 변경하려 합니다. 투자 고수들이 많은 것 같은데, 3개월에서 6개월 정도 투자하여 2배 이상의 이익을 낼 수 있는 종목으로 추천해주세요. 주식을 해보니 공부를 좀 해야 할 듯합니다. 이제는 추천종목에 대해 연구해보고 투자하려 합니다. 수익이 나면 소고기 사겠습니다.

이 글을 쓴 사람은 장세가 좋은 시기에도 단타로 손해를 보았다. 본인 스스로도 진득하게 투자하지 못 한 게 패착이었음을 수업료 내고 깨달은 것이다. 그래서 이제는 기간을 3개월에서 6개월로 늘려서 투자해보기로 작전을 변경하겠다고 한다. 또 주식종목에 대해 충분히 연구하지 않고 투자함으로써, 확신이 들지 않아 쉽게 흔들렸던 것을 깨닫고 주식종목에 대해서도 공부하기로 생각을 바꾸었다고 한다. 성공적인 투자를 위한 바람직한 태도 변화라고 본다.

탐욕과 공포심을 극복할 수 있을까?

주식시장에서 3개월, 6개월도 그리 긴 투자 기간이 아니다. 3개월, 6개월이란 기간은 주식의 높은 변동성을 극복하기에 충분하지 않다. 그렇지만 대다수 투자자들은 단기투자에 현혹된다. 빨리 부자가 되고 싶어서, 그리고 탐욕과 공포심을 극복하지 못하기 때문에 전전긍긍하다 자주 사고 또 금방 팔게 되는 것이다.

사람들은 종목 발굴이 더 중요하다고 생각하는 경향이 있다. 그러나 좋은 종목을 발굴해도 마음을 다스리지 못한다면 좋은 수익으로 연결되지 못한다. 주식투자에서는 사람의 심리가 제일 큰 장애물이란 것을 깨달아야 한다. 한 슈퍼개미는 이렇게 말한다.

종목 발굴은 다들 잘한다. 제일 어려운 것이 공포심과 탐욕을 극복하는 것이다. 사실 심리만 잘 다스릴 수 있다면, 종목 발굴을 하지 않아도 매년 한두 번 있는 폭락장 때 우량주식에 투자해서 20~30퍼센트 수익을 내는 건 어렵지 않다.

나는 인간의 본능에 반하는 투자법만이 지속적으로 효과를 발휘해서 살아남을 수 있다고 믿는다. 내가 본능을 극복하라고 끝없이 반복하는 것은 그 때문이다. 시간이나 경기의 변화에도 흔들리지 않는, 인간의 심리를 알아야 투자에서 경쟁적 우위를 점할 수 있다. 주식투자에서는 본능에 사로잡히면 절대 이길 수 없다.

본능을 이겨내고 성공하고 싶다면 딱 하나, 이것만 기억하라.

"공포를 사고 탐욕을 버려라."

주식을 매수하기 좋은 때
베스트 7

"모두가 절망에 빠져서 주식을 팔 때 매입하고, 남들이 앞뒤 가리지 않고 사들일 때 파는 것은 대단한 용기가 필요하다. 그러나 엄청난 수익으로 보답해준다."

주식은 언제 사면 좋을까? 적기는 다음 일곱 가지다.

1 공포에 질려서 주식을 내다 팔 때

주식 매수에 가장 적기는, 모두가 공포에 질려서 주식을 내다 팔 때다. 2020년 3월이었다. 그때 나는 주식을 사라는 글을 올렸지만, 내글을 읽고 매수에 동참한 사람은 많지 않을 것이다. 공포 때 사라는 것은 누구나 다 안다. 그런데 그걸 행동으로 옮기는 것은 참 어렵다. 본능을 극복해야 하기 때문이다. 자신을 이기는 인간은 많지 않다.

책을 아무리 읽어도 안 된다. 배짱은 책을 많이 읽는다고 생기는 것이 아니다. 책보다는 단 한 번의 실천이 행동을 변화시켜준다.

2 정부가 돈을 풀 때

주가 = 돈 + 심리

이 절대공식을 기억하라! 실적이 나빠도, 경기가 안 좋아도 정부가 돈을 풀기 시작하면 주식을 사야 한다. 2020년 3월부터 9월까지 주가가 상승하는 동안에 대중은 뭐라 했는가?

"경기가 침체되고, 자영업자가 무너지고, 기업의 실적이 안 좋은데, 왜 주가가 올라가지? 곧 주가가 급락할 거야. 투기야, 버블이야."

겁이 나서 주식투자를 못하는 것이다.

그러나 주가는 그런 식으로 움직이지 않는다. 주가는 수요공급에 따라 움직인다. 수급이 재료에 우선한다. 주식이 형편없어도 파는 사람보다 사는 사람이 많으면 주가가 오르는 것이다. 주식은 언제 많이 살까? 돈이 들어오면 주식 수요는 늘게 된다. 그러니 정부가 금융을 완화해 금리를 낮추면 주식을 매수해야 할 타이밍이다. 실적이 좋으면 그때 주식을 사겠다고? 그때는 오히려 팔 시점일 수 있다. 그래서 내가 상반기 내내 주식을 사야 할 때라고 글을 올렸던 것이다. 주식시장은 돈을 풀면 시차를 두고 심리가 긍정적으로 변하게 되고 주가가 오른다.

3 해당 기업의 악재로 주가가 급락했을 때 ————

첫 번째와 다른 상황이다. 첫 번째는 주식시장 전체가 붕괴돼서 모든 종목이 하락했을 때 매수하라는 것이고, 이번에는 특정 기업의 악재로 인하여 주가가 폭락했을 때 매수하라는 것이다. 이때 중요한 것은 악재의 성격을 잘 구분하는 것이다. 장기적으로 오래갈 기업으로서 이번 악재가 기업의 본래 가치에 영향을 주지 않는 경우라면 좋은 매수 타이밍이다.

주식시장에는 겁쟁이들이 많다. 인간의 본능 때문이다. 그래서 본능을 거슬러서 매수할 수 있는 소수의 투자자가 돈을 버는 것이다.

4 남들이 모르는 정보를 알고 있을 때 ————

남들이 모르는 정보를 알고 있다면, 바로 그게 돈을 번 것이다. 남들도 다 아는 정보라면? 그걸로 돈 벌기는 어렵다. 내부자의 정보를 알고 있는가? 그러면 돈 벌 수 있다. 기업의 오너들도 차명계좌를 이용해 자기 회사 주식을 사고팔면서 돈을 번다.

일반인은 남들 모르는 정보를 어떻게 알 수 있을까? 답은 정해져 있다. 창의적인 생각이 필요하다는 것이다. 같은 뉴스라도 다르게 해석할 줄 알아야 한다. 그러려면 어떻게 해야 할까? 책을 많이 읽어야 한다. 워런 버핏은 '독서기계'로 알려져 있다. 책을 많이 읽으면 세상을 읽고 뉴스를 해석하는 안목이 생긴다.

5 대규모 설비투자를 단행할 때

생산능력을 확충하기 위해 대규모로 설비투자를 할 때는 이익을 내지 못할 때다. 돈만 들어가고, 또 생산량을 늘려도 그것이 잘 팔린다는 보장도 없다. 그래서 주가가 오르지 않는다. 제품을 개발하는 것과 대규모 양산을 하는 것은 다른 문제다.

신제품 개발에 성공했다고 해도, 또 대량 생산에 성공했다고 해도 불량품이 많이 나와 수율(실제로 얻은 분량과 이론상 기대했던 분량을 백분율로 나타낸 비율)이 좋지 않으면 돈을 벌 수 없다. 이처럼 대규모 설비투자를 할 때 전망은 매우 불확실하다. 그러나 실패하는 경우보다는 성공하는 경우가 더 많기 때문에 대규모 설비투자를 단행할 때 주식을 매입하는 게 좋다. 생산에 성공해 매출이 늘어서 이익이 커지면 주가가 많이 오르게 된다. 그때 주식을 팔면 된다. 성장주 투자의 아버지라 할 수 있는 필립 피셔는 특히 그 시기에 매수하는 걸 좋아했다.

6 산업 사이클 흐름을 탈 때

지금 4차 산업혁명이 진행 중이다. 4차 산업혁명은 정보 고속도로를 까는 것이 중추적 역할인데 5G 통신이 바로 그것이다. 5G 통신 혁명은 메가트렌드다. 이 메가트렌드의 초입에 올라타는 게 좋다. 난 5G 통신장비주를 초기에 매수하여 많은 수익을 낼 수 있었다. PER, PBR, ROE 같은 수치에 너무 매달리지 말고 향후 성장성과 산업 사이클을 보고 투자해야 한다. 실적으로 확인되었을 때는 이미 팔고 나와야 할 시점이다.

7 기술적 분석으로 상승 종목을 포착했을 때

주식투자의 고수들은 기술적으로 상승 종목을 찾아내는 저마다의 비법을 가지고 있다. 나는 주가가 바닥권에 있으면서 거래량이 급증하고 강한 움직임이 있는 종목을 포착해 매입한다. 그 회사에 관련된 정보와 내용은 모르지만 어떤 변화를 감지하고서 따라 매수하는 방법이다.

이것은 주식투자로 큰돈을 번 무용수 니콜라스 다비스* 스타일이다. 그는 1만 달러를 투자해 250만 달러를 벌어들였다. 그는 세계 각지를 돌며 공연하느라 주식창을 들여다볼 수 없는 상황이었는데도 주식투자로 큰돈을 벌었다. 그는 종목을 발굴하는 방법에 대해 이렇게 말했다.

야성미 넘치는 미녀가 테이블에 올라가서 아무리 격렬한 춤을 선보여도 아무도 놀라지 않을 것이다. 왜냐하면 그녀는 충분히 그런 행동을 할 만하다고 생각하기 때문이다. 그러나 정숙한 귀부인이 갑자기 테이블 위에 올라가서 격렬한 춤을 춘다면 '좀 이상하네, 어떻게 된 거 아냐?' 이렇게 생각할 것이다. 주식도 마찬가지다. 평소에 별로 움직이지도 않고 조용하던 주식이 갑자기 거래가 활발해지고 주가가 상승한다면 나는 그 종목을 매수한다. 평소와 달리 활발하게 움직이는 이면에는 그 주식에 대한 좋은 정보를 가진 사람들이 반드시 매수할 것으로 확신하기 때문이다.

그러면 어떻게 그런 종목을 잡아낼 수 있을까? 그걸 잡아내는 데는 막노동식 노력과 약간의 상상력이 필요하다. 삼성증권의 HTS를 가지고 설명해보자. 매일 상승률 100위 내 종목을 검색한다. 그런 다음 전일 대비 거래량이 급증한 종목순으로 배열한다. 그중에서 오를 종목을 골라낸다. 하나하나 들여다보는 것이다. 이게 막노동이다. 서울대에 가려면 머리만 좋아서는 안 된다. 머리 좋은 사람은

*니콜라스 다비스

Nicolas Darvas. 박스이론의 창시자. 헝가리 태생의 미국인 무용수. 공연비 대신 받은 주식으로 이익을 보며 우연히 주식을 시작했다. 성공과 실패를 경험하며 자신만의 매매기법을 완성하고 250만 달러를 벌어들였다.

차고 넘치기 때문이다. 좋은 머리에 노력을 해야 들어갈 수 있는 대학이 서울대다. 주식도 마찬가지다. 머리만 좋아서 될 게 아니고 근면성도 필요하다.

주식을 매도해야 할 때
베스트 6

한번은 유명 펀드매니저와 점심을 먹을 기회가 있었다. 나는 그에게 주식 사는 것과 파는 것 중에 어느 쪽이 더 어렵냐고 물었다. 그는 망설임 없이 파는 게 더 어렵다고 대답했다. 왜 그럴까? 왜 주식을 파는 게 더 어려울까?

주식을 살 때는 적정주가보다 싸다고 판단되면 사서 기다리면 그만이다. 그런데 주가가 오르기 시작하면 고점에서 팔아야 하는데 어디가 고점인지 알 수 없기 때문이다. 고점은 지나야 그때가 고점이란 게 확인된다. 주식 매도는 예술이다. 고수들에게도 매도는 항상 어렵다. 주식을 사는 건 기술이고 매도는 예술이다.

1 처음 생각한 적정주가 수준이면 분할 매도한다

처음 생각했던 적정주가 수준이면 3분의 1 정도를 먼저 판다. 그러면 보유한 주식에 대해서 조금은 더 객관적으로 판단할 수 있게 된다. 그러고 난 뒤에 나머지 보유분을 언제 더 팔지, 계속 보유할지를 결정한다. 이것은 일본에서 투자의 신이라 불렸던 고레가와 긴조의 매도 방식이다. 나도 시도해봤는데 괜찮은 방법이다. 특히 알쏭달쏭 판단하기 어려울 때 3분의 1을 팔고 나면 주식에 대해서 조금은 객관적으로 바라보게 된다.

2 고점에서 대량의 거래가 이루어지고 장대음봉 발생하면 매도한다

고점에서 대량의 거래가 이루어지고 장대음봉*이 나타나면 매도한다. 이런 현상이 일어나는 것은 고점이 될 확률이 높기 때문이다. 그동안 주가를 끌어올렸던 주체의 보유 주식을 대량 처분할 때 나타나는 차트 모습이다.

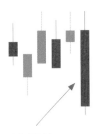

*장대음봉

주가의 흐름을 양초 모양으로 표시한 차트를 캔들차트 또는 봉차트라고 한다. 일반적인 캔들에 비해서 몸통의 길이가 3~4배 이상 긴 캔들을 장대음봉(하락) 또는 장대양봉(상승)이라고 한다.

3 세 번째 전고점 돌파에 실패하면 매도한다

주가가 세 번째 전고점* 돌파에 실패하면 매도한다. 이 방법도 책을 통해서 배운 것이다. 주가가 전고점 돌파를 시도하다가 세 번째에도 성공하지 못하고 실패한다면, 그 가격대에 매물이 쌓이며 저항이 심하다는 걸 의미한다. 이후로 가격이 내려가는 경우가 많다.

4 기대하던 뉴스가 나오면 매도한다

어떤 호재가 발생할 것이란 기대감으로 주가가 오른 경우에 그 기대감이 현실화되면, 항상 그런 것은 아니지만, 이후부터는 오히려 주가가 하락하는 경우가 많다. 예를 들어보자. BTS 상장을 호재로 여타 엔터테인먼트주가 올랐다. 그러나 막상 BTS 상장 날이 가까워오면 오히려 주가는 하락한다. 이는 게임주의 경우도 비슷하다. 게임 출시 전에 기대감으로 주가가 오르다가 막상 게임이 출시되면 주가는 하락하는 경우가 종종 있다. 물론 게임 출시 후 기대 이상으로 대박이 나는 경우에는 주가는 더 오른다. 그러니 내가 살 때 기대했던 일이 실제로 일어났을 때 주식을 매도하라는 것이다.

*전고점

앞선 가격의 고점. 주가가 상승하면서 일정한 가격대까지 올랐다가 밀렸을 때 저항선이 될 수 있는 부분을 이르는 말이다.

5 테마주는 대장주가 꺾이면 매도한다 ————

테마주는 대장주*가 꺾이면 여타 테마주도 하락하는 경우가 많다. 따라서 대장주가 아닌 졸병 테마주를 가지고 있다면 대장주가 꺾일 때 같이 매도하는 편이 안전하다.

6 전체 장에 대한 판단이 서면 매도한다 ————

개별 주식을 팔기 전에 전체 장에 대한 판단이 선행되어야 한다. 즉 대세상승 국면인지 박스횡보 국면인지, 아니면 대세하락 국면인지를 먼저 판단하고 매도를 결정해야 한다. 이것이 가장 중요하다. 대세상승 국면이라고 판단되면, 적정주가를 넘었다고 해도 섣불리 팔지 말고 보유하고 있다가 천천히 매도하는 게 좋다. 박스 국면에서는 목표수익률을 낮추고 짧게 끊어서 매도하는 게 좋다. 대세하락 국면에서는 반등을 이용하여 매도하는 게 좋다.

*대장주
주식시장에서 종목군별로 가격의 상승과 거래를 주도하는 주식. 하락 장세이면 가장 오래 버티고, 상승 장세이면 가장 가파르게 오르는 경향이 있다.

고수들의 배팅 전략
따라 하기

내 친구 중 하나는 강원랜드에 갈 때마다 돈을 번다. 그의 주 종목은 블랙잭이다. 블랙잭의 수학적 승률은 49대 51이다. 카지노 하우스가 이길 확률이 51퍼센트고 고객이 이길 확률은 49퍼센트다. 확률에 의해서 계속 블랙잭을 하다 보면 고객은 돈을 다 잃게 된다. 그런데도 내 친구는 매번 돈을 딴다. 어떻게 그게 가능할까?

비결은 배팅 금액 조절에 있다. 평소에는 소규모로 균등하게 배팅하다가 자신에게 기회가 왔을 때, 즉 확률적으로 승산이 높을 때 금액을 늘려 배팅함으로써 돈을 따는 것이다. 비대칭, 비균등 배팅 전략이 그 비결이다.

비대칭, 비균등 배팅 전략

주식투자에서도 비대칭, 비균등 배팅 전략이 필요하다. 원자재 투자의 귀재로 알려진 짐 로저스*는 조지 소로스*에게 발탁되어 함께 퀀텀펀드를 운용했다. 한번은 짐 로저스가 자신의 투자 아이디어가 잘 먹혀들어 간다고 조지 소로스에게 말했다. 그러자 조지 소로스가 짐 로저스에게 얼마나 투자했는지 물었다. 짐 로저스가 제법 많이 투자했다며 그 규모를 말하자, 조지 소로스는 이렇게 말했다.

"그 정도론 충분하지 않아! 지금의 몇 배로 투자금액을 늘려!"

그때의 경험으로 짐 로저스는 자신의 아이디어가 맞아떨어진다는 확신이 들면 크게 투자해야 한다는 것을 소로스로부터 배웠다고 고백했다.

맞는 말이다. 고스톱을 칠 때도 고수들은 평소 3점을 자주 내주고, 잃더라도 기회가 왔을 때는 쓰리고까지 가서 왕창 먹는다. 배팅을 잘하려면 배짱이 있어야 한다. 젊은 시절에는 크게 배팅할 수 있다. 그러나 나이가 들면 그것도 쉽지 않다. 나이 들면 돈 벌기도 어려워진다. 30대가 머리가 잘 돌고 체력도 뒷받침되어 배팅하기 가장 좋은 때다. 그러니 젊은 시절에 용기 내서 배팅해야 한다.

---

*짐 로저스

Jim Rogers. 1942~ 현재 로저스홀딩스 회장. 1968년 조지 소로스와 퀀텀펀드를 설립했다. 1974년 주식시장의 폭락으로 많은 손실을 기록하면서 위기를 겪었으나 1970년부터 1980년까지 S&P500지수가 47% 상승에 그친 10년 동안 4,200%의 경이적인 수익률을 거두었다.

*조지 소로스

George Soros. 1930~ 현재 소로스펀드매니지먼트 회장. 20세기 최고의 펀드매니저이자 현대 금융사의 신화로 일컬어진다.

제시 리버모어의 배팅 전략

20세기 초 월스트리트를 주름잡은, 전설적인 투자자 제시 리버모어*
의 배팅 전략은 피라미딩(Pyramiding) 투자법으로 알려져 있다. 그
는 처음에 조금 투자하며 관찰하다가, 시세가 오르고 자신의 투자 아
이디어가 먹혀들어 간다는 판단이 서면 추가로 배팅한다. 이를 피라
미딩 투자법이라고 한다.

피라미딩이라고 불리는 이유는 주식을 추가로 살 때마다 투자금
액을 동일하게 유지해, 주가가 올라갈수록 피라미드처럼 주식 매입
수가 적어지기 때문이다.

고수와 일반인의 차이점

주식투자의 고수와 일반인의 차이점은 무엇일까? 승률과 수익률을
비교해보면 서로 다른 점을 알 수 있다. 승률이란 10개 종목을 찍어
서 몇 종목이 오르는가를 비율로 표시한 것이다.

승률은 고수나 일반인이나 차이가 그렇게 많이 나지 않는다고 한

*제시 리버모어

Jesse Lauriston Livermore. 1877~1940. 월스트리트 역사상 가장 위대한 개인투자자.
주식투자로 1억 달러라는 천문학적인 금액을 벌어들였다. '월가 큰곰', '추세매매의 아버지'
로 불린다.

다. 이것은 주식투자로 많은 돈을 번 대가들의 이야기다. 그런데 투자 고수와 일반인은 수익률에서는 많은 차이가 난다. 왜 그럴까? 투자 고수는 승률보다는 수익률에 더 집중하기 때문이다. 투자 고수는 기회가 왔을 때 크게 얻고 잃을 때는 적게 잃는다.

얻을 때 크게 얻고 잃을 때 적게 잃으려면 어떻게 해야 하나? 조금 올라서 이익 났다고 바로 팔아치우지 않고 계속 보유하는 것이다. 또 계속 하락하는 종목은 내버려두지 않고 손절매를 철저하게 하는 것이다. 피터 린치의 표현에 따르면 "꽃을 뽑고 잡초에 물을 주는 짓은 하지 말아야 한다"는 말이다.

그런데 일반인들의 매매패턴을 보면 주가가 조금 오르면 팔아서 이익을 취하고, 손해 보면 손절매하지 못해서 손실을 극대화한다. 이런 매매패턴은 인간의 본능에 정확히 들어맞는다. 분명한 것은 본능대로 투자하면 실패한다는 것이다. 본능을 극복하고 성공적인 배팅 전략을 기억한다면 투자가 한결 즐거워질 것이다. 그리고 자신의 투자 아이디어가 맞아떨어진다고 생각되면 배팅 규모를 크게 늘려야 한다. 전체 장세와 상관없이 특정 종목만 내리는 경우 반대로 손실을 보거나 예상과 다르게 전개될 때는 물을 타서는 안 된다.

켈리의 배팅 전략

내가 쓴 『부의 인문학』은 돈의 흐름과 필승 투자법을 다룬 책이다.

여기에 소개된 켈리의 배팅 전략을 알아두면 주식투자에 도움이 될 것이다. 다음은 A종목의 상승확률과 예상이익/하락확률과 예상손실을 나타내는 표다.

A종목의 상승확률과 예상이익/하락확률과 예상손실

	예상이익	기댓값
주가 상승확률 70퍼센트	100원	70원
주가 하락확률 30퍼센트	-100원	-30원
합계		40원

이 경우는 기댓값이 40원으로 A종목에 투자해야 한다. 그럼 A종목에 얼마를 투자해야 할까? 투자비중은 얼마나 두어야 적당할까? 전 재산인 100원을 다 투자했는데 주가가 하락할 가능성이 30퍼센트로 낮지만, 만약 주가가 하락하여 100원의 손실을 입는다면 전 재산을 잃고 파산하게 된다. 주가 상승확률이 높은데도 파산하는 리스크를 배제할 수 없다.

그러면 어느 정도 투자해야 파산을 피하고 안정적으로 수익을 거둘 수 있을까? 이 의문을 해결한 사람이 바로 존 켈리다. 그는 현대인의 삶에 지대한 영향을 미친 미국의 벨 연구소에서 활동한 천재 물리학자이다. 존 켈리는 파산하지 않고, 최적의 수익 곡선을 만들어주는 투자비중을 정하는 공식을 만들어냈다. 그것은 다음과 같다.

켈리 공식

$$F = P-(1-P)/R$$

(F = 투자비중, P = 승리확률, R = 손익비 = 예상이익 / 예상손실)

P는 승리확률로, 여기서는 주가 상승확률인 70퍼센트다.

R은 손익비로, 여기서는 예상이익/예상손실=100/100=1이다.

$$F = P-(1-P)/R$$
$$= 70\% - (1 - 70\%) / (100 / 100)$$
$$= 40\%$$

적절한 투자비중은 40퍼센트다. 투자비중을 40퍼센트로 하면, 파산을 피하며 장기적으로 가장 많은 수익을 얻을 수 있다.

적절한 투자비중을 알려주는 켈리 공식은 워런 버핏도 사용했고, 글로벌 자산운용사인 레그메이슨에서 15년 연속 시장보다 우수한 수익률을 올렸던 가치투자자 빌 밀러도 사용했다고 한다. 주식투자에 켈리 공식을 활용하면 투자비중을 정할 때 도움이 된다. 여기서 확률은 주관적이므로, 똑같은 투자자라고 해도 사람마다 배팅 비율이 달라진다는 점을 명심해야 한다.

당신은 투자에 성공할 만한
자격을 갖추었는가?

나는 새벽에 일어나 월스트리트에 어떤 일이 일어났는지 외신을 보고 파악한다. 어떤 분야가 오르고, 시장의 관심이 어디에 있는지를 체크한다. 환율과 채권금리, 그리고 원자재 가격동향도 살펴본다. 또한 미국시장의 흐름이 한국시장에 어떤 영향을 줄지 생각해본다.

낮 시간에는 투자 종목 발굴을 위해서 기업보고서를 읽으며, 관심 가는 기업은 직접 전화를 해서 궁금한 점을 물어본다. 몇 해 전만 해도 기업분석은 아주 꼼꼼하게 했는데, 요즘엔 나이가 들어서인지 대충 본다. 이렇게 느슨하게 해도 되나 싶지만, 그동안 쌓아온 경험치 덕분에 제법 잘 버티고 있다.

장이 열리는 시간에 모니터를 보는데, 주가의 등락이 심한 날은 그것을 지켜보고 있는 것만으로도 감정소비가 되어서 그런지 무척 피곤하다. 그래서 주식투자자는 반드시 운동을 해야 한다. 체력이 떨어지면 더 이상 버틸 수 없다.

종목 추천도 에너지가 소모된다 ────────

낮에 주식 모니터를 보고 있는데, 단톡방에 사진이 올라왔다. 멋진 곳에 놀러 가서 즐기고 있는 지인 A다. 그는 멋진 풍광과 음식 사진을 올리며, 자신이 지금 얼마나 행복한지 실시간으로 알려준다.

그는 내가 주식투자자인 우석이라는 것을 모른다. 그렇지만 소문으로 주식을 좀 한다는 걸 알고서 나에게 어떤 종목을 사야 하는지 묻는다. 참 난감하다. 주식이란 게 한 치 앞을 내다볼 수 없는 것이라 특정 종목을 짚어주기가 어렵다. 지금 당장은 좋아 보여도 바로 내일 팔아야 할 수도 있다. 모르는 사람이 보기엔 사는 날 한 번, 파는 날 한 번 결정한 것 같지만 사실은 그렇지 않다. 매수 이후로 매일매일 의사결정을 한다. 하루에도 몇 번씩 생각이 왔다 갔다 하는 날도 있다. 전날 싸게 팔고 다음날 더 비싸게 사기도 한다. 그런 이유로 다른 사람에게 어떤 종목을 추천하는 게 힘들다.

나는 다른 사람에게 어떤 종목을 추천하면 계속 신경이 쓰인다. 남의 손실에 개의치 않을 만큼 강심장이 못 되기 때문이다. 그리고 신경 쓰는 게 나이가 드니 무척 성가시고, 내 자신을 갉아먹는다는 느낌이 든다. 아마도 체력과 정신력이 약해졌기 때문일 것이다. 그래서 가급적 일상을 단순화하기 위해 종목 추천을 자제하고 있다. 하지만 상대방은 이런 내 마음을 모르고 서운해한다. 추천해주기 싫어서 하는 핑계로 들리는 모양이다.

그래서 원활한 인간관계를 위해 내 딴에 장기적으로 괜찮을 만한 종목을 말해준다. 그리고 시간이 흐른 뒤에 얘기를 나눠보면 이렇다. 추천해준 종목을 샀는데 이삼일 연속 내려서 팔았단다. 그런데 판 뒤로 2배나 올라서 무척 후회하고 있단다.

그러고는 또다시 새로운 종목을 추천해달라고 한다. 난 어쩔 수 없어 또 말해준다. 이번엔 수익을 냈단다. 하지만 쥐꼬리만 한 이익을 남기고 바로 팔았다고 한다. 그가 팔고 난 뒤 몇 배 올랐다. 그는 나더러 돈을 많이 벌었으니 밥을 사라고 한다. 그래서 밥도 샀다.

어느 날 눈이 침침하도록 주식 모니터를 보고 있는데, 단톡방에 A의 멋진 풍광과 맛난 음식을 자랑하는 사진이 또 올라온 것이다. 그러고는 또 "뭘 사야 할까요?" 하고 묻는다.

"……."

지인 B는 전문직 여성이다. 먼 친척이다. 하루는 내게 연락이 왔다. 주식을 뭘 사면 좋겠냐고 묻는다. 그녀 역시 내가 우석인 것을 모르지만 친척이다 보니 어렴풋하게 내 사정을 좀 아는 듯하다. B의 투자금액은 아주 소액이었다. 몇 백만 원, 많아야 2천만 원 정도. 워낙에 소액이다 보니 나도 부담이 되지 않았다. 그래서 추천 종목과 사고 팔 때를 알려주었다.

B는 투자수익에 상당히 만족했는지 내게 늘 커피와 케이크 쿠폰을 보내준다. 아직도 못 쓴 쿠폰이 여러 장 있는데도 계속 보내준다. 가끔은 선물도 보내준다. 막무가내로 보내니 어찌할 도리가 없다.

쉽게 돈 벌려는 사람들이 꼭 사기를 당한다 ────

어느 날 전혀 모르는 사람으로부터 이메일이 왔다. 생면부지의 C다. 요점은 종목을 추천해달라는 것이다. 내게 준 인센티브는 혹시 잘못 되더라도 절대로 원망하지 않겠다고 한다. 원망하지 않는다니 고맙 긴 하다. 또 다른 D는 3개월 내로 오를 만한 종목을 추천해달라며 투자 기간까지 정해주었다. 나는 답장을 하지 않았다.

지인인 F는 주식을 제법 오래 해왔다. 그러나 그동안 실적이 신통치 않았다. 그가 보유한 주식에 대해서 조금 깊게 물어보면 아는 게 하나도 없다. 해당 회사에 전화라도 해서 물어보라 하면 귀찮아서 싫다고 한다. 게임주에 투자했기에 그 게임 해봤느냐고 물으니, 해보지 않았다고 한다. 이해하기 힘들다. 나라면 투자하기 전에 그 게임을 직접 해볼 텐데. 내 나이에 게임하는 사람도 드물긴 하다. 나는 아내가 "또 게임해?" 하면 "돈을 5배나 벌게 해준 고마운 게임이야"라고 대답한다. 그 게임주를 팔고 나면 게임은 내 폰과 아이패드에서 지워진다.

해당 기업의 제품과 서비스를 직접 사용해봐야 주식을 언제까지 들고 갈지 감이 오는 법이다. 가끔 식품주 때문에 마트에 가서 제품을 확인한다. 패스트푸드 주식을 살 땐 매장에 가서 그 음식을 직접 먹어본다. 기업의 제품과 서비스를 사용해봐야 올바른 판단을 할 수 있다. 아무튼 난 그렇게 생각하고 실천해왔다.

그런데 F는 그냥 남들 다 보는 차트와 기사만 확인하고 주식을 매매한다. 주로 어디서 정보를 얻느냐고 물어보니 유튜브를 보고, 거기서 추천하는 정보에 의존한다고 한다. 가까이서 보니 돈을 벌 때도 있고 손해 볼 때도 있는데, 최종수익률은 변변치 못하다.

　나는 매일 주식종목을 알려주는 메시지를 받는다. 정말 짜증난다. 난 바로 삭제하고 번호를 차단한다. 가끔 전화를 받게 되는데, 무슨 주식연구소라며 날 부자로 만들어주겠단다. 난 말없이 중간에 전화를 끊어버린다. 그런 사람과는 말도 섞기 싫고, 전화예절을 지키는 데 내 소중한 에너지를 낭비하고 싶지 않다. 그런 전화가 계속 오는 걸 보면 수요가 있다는 얘기 아닌가? 어이없는 일이지만, 쉽게 돈 벌려는 사람들은 사기꾼들의 미끼를 쉽게 문다. 사기꾼들은 빨리, 쉽게 돈 벌려는 인간의 본능을 이용한다. 그러니 사기를 당하는 것이다. 버핏의 동업자 찰리 멍거는 이렇게 말했다. "원하는 것을 얻으려면 그럴 만한 자격이 있어야 한다. 자격도 없는 사람에게 상을 줄 만큼 세상이 아직까지 미치지는 않았다."

성공적인
주식투자자가 되려면

투자에 성공하려면 그에 걸맞는 자질을 갖추어야 한다. 주식투자로 성공하고 싶다면 스스로 성공할 만한 개인적인 자질을 갖추어야 한다. 나는 크게 세 가지로 이야기한다.

인내심 + 독립심 + 촉

머리가 아니라 엉덩이로 번다

주식은 인내심이 강한 투자자에게 유리하다. 주식투자에서 성공하는 방법은 기다리는 걸 잘하면 된다. 주가가 큰 폭으로 하락할 때까지 현금을 가지고 기다리면 된다. 그러다가 어느 날 주가가 크게 폭락하거나 또는 장기간 하락으로 아무도 주식에 대해서 관심을 갖지 않을 때, 거래량이 아주 많이 줄어들었을 때 주워 담아서 주가가 오를 때까지 참고 기다리면 된다. 기다리는 것, 이것 하나만 잘해도 주식투자에서 좋은 성과를 낼 수 있다.

그러나 대부분의 사람들은 빨리 부자가 되고 싶은 욕심에 기다리지 않고 바로 주식을 사버린다. 그러니 주가가 급락하여 싸게 살 수 있는 좋은 타이밍에는 오히려 살 돈이 없어서 기회를 놓치게 된다. 결국 주식시장이란 참을성이 없는 사람의 돈이 참을성이 많은 사람에게로 넘어가는 곳이다.

전문직에 종사하는 내 딸은 주식투자에 신경 쓸 여력이 전혀 없다. 그런 딸에게 내가 권하는 투자방법은, 평소엔 예금으로 하다가 주가가 폭락하고 언론에 관련 기사가 나와 시장이 피로 흥건할 때 주식을 사서, 다시 시장이 정상적인 상황으로 돌아오면 팔고 예금으로 갈아타는 것이다. 2020년 코로나 사태로 주가가 폭락했을 때 딸은 우량주와 인덱스펀드에 투자해 1년이 조금 지나서 약 50퍼센트의 수익을 거두었다. 참을성 있게 기다리는 것만 잘해도 돈을 벌 수 있는 곳이 주식시장이다.

양떼보다는 외로운 늑대가 돈 벌기 쉽다 ————

스스로 투자 종목을 발굴할 수 있는, 독립성을 가진 투자자가 돈 버는 데 유리하다. 내가 주식투자를 하면서 놀란 사실이 있다. 의외로 많은 투자자들이 스스로 투자 종목을 발굴하는 대신에 남의 이야기를 듣고 투자한다는 것이다. 신문이나 텔레비전 뉴스 또는 인터넷에 떠도는 남이 만든 자료를 보고 들으며 투자 종목을 고르는 경우가 대부분이었다. 회사 중역인 동창들도 증권방송이나 믿을 수 없는 사람들이 인터넷에 올려놓은 자료를 근거로 주식투자를 하는 것을 보고 무척 놀랐다.

내가 오랫동안 주식시장에서 살아남을 수 있었던 이유 중의 하나가, 바로 유행을 따르기보다 외로운 늑대처럼 독립적으로 투자 종목을 골라 투자했다는 것이다. 나는 남의 입에 자주 오르내리는 종목은 오히려 피하는 게 좋다고 생각한다.

과학자보다는 예술가가 돈 벌기 쉽다 ────

주식시장에서는 불확실한 정보를 가지고도 의사결정을 할 수 있는 투자자가 유리하다. 사람들은 정확한 정보로 투자해야 주식에서 성공할 수 있다고 믿지만 내 생각은 그렇지 않다.

확실한 정보는 주가에 이미 반영되어 있는 경우가 대부분이다. 즉 내가 확실한 정보를 가지고 있다 하더라도, 이를 근거로 수익을 내기는 쉽지 않다는 것이다. 오히려 확실한 정보를 입수했을 때 주가가 천장을 치고 꼬꾸라질 가능성이 많다. 그래서 확실한 정보를 근거로 투자하기를 좋아하는 과학적 사고의 투자자는 주식시장에서 좌절하기 쉽다. 소문에 사서 뉴스에 팔라는 격언을 잘 생각해보라.

결국 주식투자에서 수익을 얻으려면 위험을 무릅쓰고 불확실한 정보라도 옳은 투자 결정을 내릴 수 있어야 한다. 그러면 불확실한 상황에서 어떻게 올바른 결정을 내릴 수가 있을까? 그건 감이나 촉이다. 주식투자를 잘하려면 시시각각 변화하는 미묘한 시장심리를 읽고, 여기에 잘 대응할 수 있는 촉이나 감을 가지고 있어야 한다. 감과 촉은 무엇을 말하는가? 헝가리의 유대인 출신으로 주식의 신이라 불리는 앙드레 코스톨라니는 "손끝에 미세한 느낌"이라고 표현했다. 내 방식으로 표현하자면 수많은 실전투자 경험을 통해서 축적된 자신만의 빅데이터에서 나오는 판단이, 바로 감이고 촉이라고 할 수 있다. 주식투자는 과학이 아니라 예술에 가깝다.

주식투자하면
안 되는 사람

낮은 금리와 많은 유동성으로 투자가 주식으로 몰리는 게 현실이다. 그런데 주식투자를 하지 말아야 할 사람이 아주 많다는 것도 현실이다. 본인을 위해서다. 먼저, 주가가 조금만 빠져도 안절부절 어쩔 줄을 모르는 사람은 주식투자를 안 하는 게 좋다. 이런 사람은 돈을 벌기도 전에 심장이 오그라들어 지레 병이 날 수도 있다. 투자도 잘 먹고 잘살며 행복해지고 싶어하는 일이니, 그런 사람은 주식보다는 다른 투자를 찾아보는 게 좋겠다. 심약한 사람은 결국 버티지 못하고 털리게 되어 있다. "겁먹은 돈으로는 이길 수 없다"는 월스트리트의 격언은 빈말이 아니다.

내가 투자하는데 누굴 믿는다고?

남의 말만 듣고 주식투자하려는 사람도 안 하는 게 좋다. 왜냐하면 이런 사람의 투자 판단의 근거는 타인이기 때문에 매일매일 타인에게 물어봐야 한다. 계속 보유할지 아니면 팔아야 할지. 그런데 그게 가능한 일인가? 불가능하다. 당신을 부자로 만들어주기 위해서 친절하게, 매일매일, 그것도 공짜로 어떻게 해야 할지 알려주는 천사는 없다.

주식시장에서 그런 천사를 찾는 사람들은 언제나 사기꾼이 내민 미끼를 물게 된다. 내게도 사기꾼들의 미끼 문자와 전화가 가끔 온다. 남에게 의지해서 주식투자를 하려는 사람은 다시 한번 생각해보는 게 좋다. 그냥 깔끔하게 수수료 내고 펀드에 가입하는 게 좋다.

남 탓하는 사람은 주식이든 부동산이든 투자를 하면 안 된다. 한번은 동창회에 갔더니 친구 A가 친구 B가 추천한 주식을 사서 손해를 봤다며, 제삼자인 나와 다른 친구들 앞에서 떠벌리며 친구 B를 깎아내리는 것을 보았다. 그때 나는 저 A란 친구 앞에서는 절대로 주식의 '주'자도 꺼내지 말아야지 하고 결심했다. 그런 사람들은 잘되면 자기가 잘해서 돈을 벌었다고 할 것이고, 만약 실패로 끝나면 두고두고 남 탓을 하지 않겠는가? 자기가 결정해서 사놓고 결과가 나쁘다고 친구를 비난하다니, 누워 침 뱉는 꼴이 아니고 무엇이겠는가.

무지하고 탐욕스러우면 파산하기 쉽다

재무제표와 투자지표를 모르는 사람에겐 주식투자를 권하고 싶지 않다. 음악을 공부하려면 악보를 볼 줄 알아야 한다. 물론 악보를 읽지 못해도 음악을 잘하는 천재가 있긴 하지만, 그런 예외는 흔치 않다. 보통 주식투자를 잘하려면 투자에 사용되는 기본 용어 정도는 이해할 수 있어야 한다.

내가 제일 안타깝게 생각하는 사람은 주가가 싸면 어느 경우든 좋다고 착각하는 사람들이다. 이들은 같은 크기의 피자 한 판을 8조각이 아닌 16조각으로 나눠서 낮은 단가에 팔면 피자가 싸다고 좋아할 것이고, 32조각으로 나눠주면 더욱더 좋아할 사람이다. 주식 시장에서는 그런 사람을 호구라고 부른다. PER, PBR, ROE, EPS가 무엇을 말하는지 모른다면 호구가 되기 쉽다. 언제나 무지하고 탐욕스러우면 파산하기 쉽다.

지금까지 주식투자하면 안 되는 사람을 살펴보았다. 어떤가? 아마도 상당히 많은 사람들이 여기에 해당될 것이다. 그렇다면 당신은 아직, 직접 주식투자를 할 준비가 되어 있지 않은 것이다. 고로 주식투자는 하지 않아야 한다.

계속 주식투자를 하면 어떻게 될까? 그런 상황을 미리 예측한 것인지 세계 헤비급 챔피언 마이크 타이슨은 이런 경고를 남겼다. "얼어맞기 전까지 누구나 그럴싸한 계획이 있다." 요행으로 한두 번은 이익을 내겠지만 계속하면 결국 다 털리게 돼 있다.

왜 인덱스펀드를
추천하는가?

당신이 주식투자자로서 부적합하다고 해서 실망하고 포기할 필요는 없다. 주식투자자로 부적합한 사람도 손쉽게 주식투자를 할 수 있고 또 승률이 좋은 주식투자법이 있다. 바로 인덱스펀드다.

인덱스펀드란 종합주가지수에 투자하는 것이다. 인덱스펀드의 수익률은 대다수 펀드매니저를 능가한다. 그러니 인덱스펀드에 투자하라. 주식에는 무지해도 인덱스펀드에 투자하면 약 70퍼센트의 펀드매니저를 능가할 수 있다. 그런데 왜 직접 투자해서 돈을 다 날리는지 모르겠다. 대부분의 개미들은 인덱스펀드에 돈을 넣는 게 더 유리할 것이다.

워런 버핏도 추천하는 인덱스펀드

워런 버핏은 가족들에게 자신 사후에는 인덱스펀드에 투자하라고 조언했다 한다. 인덱스펀드가 얼마나 뛰어난지는 헤지펀드와 워런 버핏의 유명한 내기로 소개하겠다.

워런 버핏은 헤지펀드 대부분이 높은 수수료를 받는 만큼 수익을 내지 못한다며, 차라리 인덱스펀드에 가입하는 게 더 좋다고 했다. 이런 워런 버핏의 말을 듣고 열 받은 한 헤지펀드 회사는 워런 버핏에게 내기를 제안했다. 인덱스펀드와 헤지펀드 중 어느 것이 수익률이 더 높은지 대결해서, 이기는 쪽이 100만 달러(12억 원)를 가져가는 내기였다.

버핏은 뱅가드 S&P500 인덱스펀드에 걸었고, 미국 헤지펀드 회사 '프로티지 파트너스'는 수익률이 좋을 것으로 예상되는 헤지펀드 5개를 골랐다. 내기 방법은 각자 고른 펀드에 각각 32만 달러를 투자하고, 이후 10년간 운용하여 수익률을 따지는 것이었다. 이긴 쪽이 갖게 되는 100만 달러는 승자가 정한 자선단체에 기부될 예정이었다.

결과는 어떻게 되었을까? 인덱스펀드의 압승으로 끝났다. 버핏이 투자한 S&P500 인덱스펀드는 10년간 연 7.1퍼센트의 수익률을 보인 반면, 헤지펀드의 누적 수익률은 연 2.2퍼센트에 그쳤기 때문이다. 경제 전문지 〈포춘〉은 "연 3퍼센트의 펀드 수수료가 헤지펀드를 택한 프로티지 파트너스의 발목을 잡았다"고 평가했다. 전체 통계를 보면 인덱스펀드가 약 70퍼센트 이상의 펀드매니저를 이겼다.

인덱스펀드를 추천하는 진짜 이유

주식투자자의 90퍼센트는 돈을 벌지 못한다. 주식투자로 성공하는 사람은 10퍼센트가 채 안 된다. 10명 중에 9명은 손실로 끝난다. 내가 인덱스펀드에 투자하라고 하는 이유는 그 때문이다. 주식을 잘하는 고수들 입장에서 보면 인덱스펀드 수익률이 보잘것없고 하찮아 보일 수 있다. 그렇지만 대다수 주식투자자들이 실패하는 게 엄연한 현실이다. 그래서 대다수 투자자들을 보호하려는 차원에서 인덱스펀드에 가입하라고 하는 것이다.

사람은 누구나 자신의 능력을 과대평가하는 치명적인 결함을 가지고 있다. 대부분의 운전자는 이렇게 말한다. "나는 평균적인 사람보다 운전을 잘한다." 대부분의 창업자들도 말한다. "대다수 창업자들이 사업에 실패하는 게 현실이지만 나는 성공할 가능성이 높다." 이처럼 인간은 자신의 능력을 실제보다 더 높게 평가하는 불량품 두뇌를 가지고 있다.

이런 현상에 대해서 케인스는 이렇게 말했다. "냉정하게, 객관적으로 판단한다면 할 만하고 돈 될 만한 사업은 별로 없다. 그럼에도 불구하고 많은 창업이 일어나는 이유는 인간의 야성적 충동 때문이다."

그렇다. 인간은 합리적이고 객관적인 확률에 기반해서 행동하기보다는 그냥 느낌이나 기분, 충동에 따라 근거 없는 자신감을 가지고 투자하기 쉽다. 그래서 많은 실패 사례가 발생하는 것이다.

주식은 좋은 사람 나쁜 사람 가리지 않는다 ————

나는 주식투자로 인생이 망가진 몇 사람을 아주 가까이서 보았다. 그들은 심성이 나쁘거나 게으르거나 또는 머리가 나쁜 사람은 전혀 아니었다. 오히려 좋은 대학을 나왔고, 근면 성실함으로 회사에서 인정받는 사원이었다. 하지만 주식시장은 사람들의 이런 덕목을 쳐주지 않는다. 주식시장은 좋은 사람 나쁜 사람 가리지 않고 인생을 망가뜨릴 수 있다.

많은 투자자들이 야심을 가지고 주식시장에 뛰어든다. 그러나 성공하는 사람은 많지 않다. 최근 몇 년간 주식시장이 지루한 횡보를 보이면서 많은 전업투자자들이 돈을 잃고 시장을 떠났다. 종일 주식투자를 하는 전업투자자도 퇴출되는 게 주식시장이다.

뉴스는 남의 일이 아니다. 주식투자 실패로 일가족을 죽이고 자신도 자살하려 했던 어느 가장의 비극적인 이야기는 참담하다. 장담컨대 그도 아주 평범한 사람이었을 것이다. 주식은 이렇게, 좋은 사람 나쁜 사람 가리지 않고 파멸시킬 수 있다.

어떤 슈퍼개미는 하루에 5시간 잔다고 한다. 주식을 공부하느라고3 수험생처럼 사는 것이다.

"누구나 주식투자로 성공할 수 있다."

"일주일 또는 한 달이면 모두 배울 수 있다."

이런 이야기는 소망일 뿐이다. 다시 기승전 '인덱스펀드'다.

따라만 하면 되는
인덱스펀드 투자법

자칭 '재테크 바보'라는 50대 전업주부에게서 쪽지가 왔다. 내 인덱스펀드 투자법에 솔깃해서 남편에게 얘기했다가 좋은 소리 못 듣고 혼자서 고민하다 쪽지를 보내온 것이다. 긴 글 끝에 그녀가 덧붙인 세 가지 질문은 다음과 같다.

바보 질문 1. 인덱스펀드는 증권사에 가서 가입하는 거죠?

바보 질문 2. 증권사에서 추천해주는 상품 아무거나 하면 될까요?

바보 질문 3. 작은 목돈이 있는데 우석님이라면 한꺼번에 투자해 장기로 묵혀 두실 건가요, 아니면 적립식으로 장기 자동이체하실 건가요?

아무것도 모르는 친구에게 조언해주는 셈 치고 편하게 답변하겠다.

3가지 질문에 대한 답변

인덱스펀드는 증권사나 은행에서 자산운용사가 운용하는 코스피를 추종하는 상품에 가입할 수 있다. 그런데 그러한 인덱스 상품보다 운용보수율이 낮고 또 증권시장에 상장된 KOSPI200 ETF*가 인기를 끌고 있다.

KOSPI200이란 코스피 시장에 상장된 가장 큰 200종목으로 구성하여 만든 지수로 종합주가지수와 거의 같이 움직인다. 이런 KOSPI200지수를 추종하는 KOSPI200 ETF가 인기를 끌고 있다. 인기 이유는 운용 수수료가 싸고 주식처럼 언제든지 쉽게 사고팔 수 있도록 상장되어 있기 때문이다. KOSPI200을 추종하는 ETF 종목은 표10에서처럼 10가지 정도다.

이 중 가장 규모가 큰 ETF는 삼성자산운용의 KODEX200이다. 총보수가 0.15퍼센트다. 두 번째로 규모가 큰 미래에셋자산운용의 TIGER200은 총보수가 0.05퍼센트로 낮다. 물론 ETF는 총보수만 보고 고르는 것이 아니다. 좀 더 원활한 거래에 도움이 되는 운용/거래규모나, 추적오차/괴리율 등을 잘 관리하는 운용역량 또한 중요하다.

*ETF

Exchange Traded Fund, 상장지수펀드. 주식처럼 거래가 가능하고 특정 주가지수의 움직임에 따라 수익률이 결정되는 펀드. 즉 인덱스펀드를 거래소에 상장시켜 투자자들이 주식처럼 편리하게 거래할 수 있도록 만든 상품이다.

코스피 200 ETF (1배)

ETF명	운용사	기초지수	평균 순자산 총액 (억)	3M 평균 거래액 (억)	총보수 (%)	상장일
KODEX 200	삼성 자산운용	코스피 200	67,816	2,434	0.150	2002/10/14
TIGER 200	미래에셋 자산운용	코스피 200	33,310	710	0.050	2008/04/03
KBSTAR 200	케이비 자산운용	코스피 200	12,660	239	0.045	2011/10/20
HANARO 200	엔에이치 아문디 자산운용	코스피 200	8,729	147	0.036	2018/03/30
ARIRANG 200	한화 자산운용	코스피 200	7,868	150	0.040	2012/01/10
KINDEX 200	한국투자 신탁운용	코스피 200	6,807	138	0.090	2008/09/25
KOSEF 200	키움투자 자산운용	코스피 200	6,603	42	0.130	2002/10/14
파워 200	교보악사 자산운용	코스피 200	1,348	12	0.145	2012/02/13

표10

그러나 주요 자산운용사의 ETF 운용성과가 거의 비슷하다는 것을 감안해본다면(물론 시기마다 조금씩 다르긴 하다) 굳이 비싼 수수료(총보수)를 낼 필요는 없어 보인다. 특히 큰 금액으로 장기투자할 경우에는 총보수의 차이가 수익률의 차이를 만들 수 있다.

상품은 증권사 직원에게 물어볼 필요도 없이 KOSPI200 ETF 중에서 운용자산규모와 총보수율을 보고 자신에게 맞는 ETF 상품을 주식투자하듯 매수하면 된다.

그렇다면 목돈을 한꺼번에 투자해서 장기로 묵혀두는 것이 좋을까, 아니면 적립식으로 자동이체를 해두는 것이 좋을까? 이건 개인의 자금 스케줄에 맞게 하면 된다. 매월 적금식으로 매수해도 되고, 주가가 폭락했을 때 목돈으로 한 번에 매수하는 것도 좋다. 내 딸은 작년 폭락장에서 인덱스를 매수했다. 나는 폭락했을 때 목돈으로 매수하는 것이 가장 좋은 방법이라고 생각한다.

KOSPI200 ETF 상품의 종류와 세금

KOSPI200 ETF 상품의 종류와 세금에 대해서도 알고 넘어가는 것이 좋겠다. 가장 규모가 큰 삼성자산운용사의 KODEX200 ETF를 예로 들어보자.

KODEX200 ETF는 다음과 같은 종목으로 구성되어 있다.

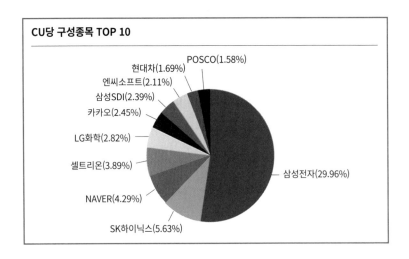

CU당 구성종목 TOP 10

현대차(1.69%)
POSCO(1.58%)
엔씨소프트(2.11%)
삼성SDI(2.39%)
카카오(2.45%)
LG화학(2.82%)
셀트리온(3.89%)
NAVER(4.29%)
SK하이닉스(5.63%)
삼성전자(29.96%)

KODEX200 ETF의 매매차익에 대해서 주식처럼 과세하지 않으나 배당금에 대해서는 배당세 15.4퍼센트를 원천징수하며, 규모가 2,000만 원을 초과하면 금융소득종합과세 대상이다.

ETF 종류별 과세방법

종류	국내상장 ETF		해외상장 ETF
매매차익	비과세	배당소득세 (15.4% 원천징수)	양도소득세 (22%)
분배금	배당소득세(15.4% 원천징수)		

미국 S&P500지수를 추종하는 인덱스펀드

미국 S&P500지수를 추종하는 인덱스펀드에 투자하려면 어떻게 해야 하는지 궁금해하는 사람이 많다. 여기에는 두 가지 방법이 있다. 미국시장에서 인덱스펀드인 뱅가드 S&P500 ETF(종목코드 VOO)나 SPRD S&P500 Trust ETF(종목코드 SPY)를 직접 매수하거나 한국 주식시장에 상장된 미국 S&P500지수를 추종하는 국산 ETF를 매수하는 방법이 있다. 두 상품은 세금 부분에 많은 차이가 있다. 이 부분에 대해서는 충분히 공부한 다음에 접근하는 것이 좋다.

10년이면 상위 10퍼센트 펀드매니저 수익률

또 한 가지 기억해야 할 중요한 포인트가 있다. 인덱스펀드의 경우 최소 10년은 해야 원하는 결과를 얻을 수 있다는 것이다. 그러니 10년이나 인덱스펀드에 투자했는데 수익률이 낮다고 속상해할 필요는 없다. 직접투자를 한 90퍼센트의 주식투자자들이 인덱스펀드보다 훨씬 더 나쁜 결과를 얻었을 테니 말이다. 10년간 인덱스펀드에 투자하면, 통계적으로 상위 10퍼센트 펀드매니저의 수익률을 얻는다.

제 5 장

주식투자에
성공하려면
본능을 극복하라

A GUIDE BY THE

STOCK
INVESTMENT
SPECIALIST

근시안적 본능을
극복해야 성공한다

본능을 극복하면 부자되기가 쉽다. 주식투자를 방해하는 인간의 본능 중 가장 먼저 극복해야 할 것은 '근시안적 본능'이다. 생물학자인 에드워드 윌슨*은 그의 기념비적 저서『인간 본성에 대하여』에서 다음과 같은 질문을 던진다.

위대한 철학자 데이비드 흄이 제기한 핵심적 논제는 다음과 같다. 정신은 어떻게 작동하는가? 정신은 왜 다른 방식이 아닌 그런 방식으로만 작동하는가? 인간의 궁극적인 본성은 무엇인가?

개구리는 파리가 움직일 때만 잡아먹는데, 만약 파리가 움직이지 않는다면 코앞에 파리를 두고도 개구리는 굶어죽는다고 한다. 왜

---

*에드워드 윌슨

Edward Wilson. 1929~ 미국의 생물학자로 하버드대학교 펠레그리노 석좌교수이다. 사회생물학의 창시자로서 두 번의 퓰리처상과 크러퍼드상을 수상했다.

개구리의 정신은 그런 식으로만 작동할까? 인간의 정신도 정도의 차이일 뿐 개구리와 비슷하지 않을까? 개구리나 인간이 자신의 두뇌와 본능을 극복할 수 있을까? 에드워드 윌슨은 흄의 질문에 이렇게 대답했다.

> 두뇌는 유전자의 생존과 번식을 촉진하기 위해서 존재한다. 결국 인간의 정신은 생존과 번식을 위한 장치이며, 이성은 그 장치의 일부일 뿐이다.

그는 인간의 행동을 이해하는 가장 좋은 방법은 사회생물학적 접근방식이라고 주장했다. 역사, 문학, 인류학, 법학, 경제학, 심지어 예술까지 모두가 인간이란 한 영장류에 대한 사회생물학의 한 분야일 뿐이라는 것이다.

그의 주장은 시대를 앞선 통찰력을 보여주었고, 그 덕분에 그는 퓰리처상과 노벨상이 수여되지 않는 분야를 위해 마련된 크러퍼드상(Crafood Prize) 등 수많은 상을 받았다. 나는 에드워드 윌슨의 주장에 크게 공감한다. 내가 쓴 『부의 본능』도 그의 영향을 받은 것이다. 『부의 본능』은 부자가 되려면 본능을 극복해야 한다는 것이다. 그리고 극복해야 할 본능 중에 가장 중요한 것으로 근시안적 본능을 말하고 있다.

인간은 왜 근시안적 본능을 갖게 되었을까?

인간이 지구상에 등장한 이후로 약 800만 년이 흘렀는데, 대부분의 기간인 799만 년을 수렵채집을 하는 원시인 상태로 보냈다. 인간이 농사를 짓기 시작한 것은 겨우 만 년 정도밖에 안 된다. 그래서 인간의 정신은 여전히, 아직도 수렵채집을 하며 살던 원시시대에 최적화되어 있다.

원시시대의 수명은 어느 정도였을까? 노벨경제학상을 수상한 앵거스 디턴*의 역작 『위대한 탈출』을 보면, 인간은 최근 100년 사이에 단명이란 감옥으로부터 '위대한 탈출'을 했다고 말한다. 그는 원시인의 평균수명은 20~30세였을 것으로 추정했다. 대부분의 원시인은 30세 전에 죽었다. 원시인이 아주 오래 살아남아 봐야 겨우 30세인 것이다.

인류가 오래 살게 된 것은 불과 최근 100년 사이에 이루어진 일이다. 과거 기록에 따르면 18세기까지만 해도 스웨덴 사람들의 기대수명은 30대 초중반에 머물렀다고 한다. 영국의 기록을 보면 1850년도가 되어서야 겨우 평균수명이 40세 정도로 늘었다. 1900년만 하더라도 평균수명이 45세에 머물렀다. 그리고 불과 50년 뒤인 1950년에는 70세까지 비약적으로 늘었다. 2006년 미국인의 평

---

*앵거스 디턴

Angus Stewart Deaton. 1945~ 미국 프린스턴대학교 교수이며 전미경제학회(AEA) 회장을 역임했다. 2015년 복지·소비·빈곤과 건강에 대한 연구로 노벨경제학상을 수상했다.

균수명은 78세로 늘었다. 지금은 아마도 더 늘었을 것이다. 인류는 최근 100년 동안에 평균수명이 비약적으로 늘어난 것이다. 현대 인류는 단명한 원시인들보다 최소 3배 이상 오래 살게 되었다.

원시인에겐 하루하루 살아남는 게 중요했다. 현대인에겐 짧은 일주일, 한 달 뒤도 원시인에겐 불확실한 미래였고, 6개월 뒤라면 자신이 생존해 있을지도 모를 아주 까마득한 미래였을 것이다. 그래서 원시인들은 살아남기 위해서 근시안적 본능을 갖게 된 것이다.

자제력이 강한 사람일수록 부유하다

근시안적 본능은 상대적으로 오래 사는 현대인들이 부자가 되는 것을 방해하고 있다. 케인스가 위대한 경제학자의 반열에 올려놓은 영국의 사회사상가 맬서스는 지주가 유유자적하며 사는 것은 당장 먹고 마시며 써버릴 수 있었던 것을 참고 인내한 보상이라고 주장했다. 지주는 인내력과 절제력으로 부자가 되었고 유유자적이란 상을 받게 되었다고 한다. 요즘 말로 '욜로'를 즐기지 않은 보상으로 주어지는 것이 '부'라는 얘기다.

공산주의를 정립한 마르크스는 이자소득에 대해서 불로소득이라고 비판했지만, 오스트리아의 경제학자 오이겐 폰 뵘바베르크*는 현재를 포기하고 미래로 미룬 '시간의 대가'라는 새로운 해석과 주장을 했고, 오늘날 우리 모두는 뵘바베르크의 이런 주장을 진리로 받아들이고 있다. (뵘바베르크는 마르크스의 착취이론을 이론적으로 무너뜨린 최초의 경제학자이기도 하다. 아직도 마르크스를 추종하는 사람이 있다면 뵘바베르크를 한번 공부해보라고 권유하고 싶다.)

맬서스와 뵘바베르크는 부자가 되고 이자소득을 얻은 것은 근시안적 본능을 극복했기에 주어지는 상이고 대가라고 본 것이다. 그렇다. 자제력은 재산을 모을 때 반드시 필요한 덕목이다. 일부 연구에 따르면 자제력이 강한 사람일수록 평균적으로 더 부유하다고 한다.

부자가 되고 싶은가? 그렇다면 당신이 가장 먼저 극복해야 할 것이 바로 근시안적 본능이다.

주가는 장기적으로 얼마나 오를까?

1980년 1월 1일 종합주가지수가 100이었던 것이, 글을 쓰는 지금 2,170까지 올랐으니 40년 동안에 대략 21배 올랐다. 40년간 21배 올랐다면 연간 몇 퍼센트 상승했을까? 연 8퍼센트씩 복리로 상승한 것이다. 이 정도면 대단한 복리 수익률이다. 특히나 최근 10년간 주식시장이 부진했다는 걸 감안하면 정말 대단한 수익률이다.

*오이겐 폰 뵘바베르크

Eugen von Böhm-Bawerk. 1851~1914. 오스트리아학파의 대표자 가운데 한 사람으로, 우회생산 구조에 입각한 독창적인 자본이론을 전개하였으며 마르크스의 가치이론을 비판한 것으로도 알려졌다.

그런데 진짜 신기한 것이 있다. 이렇게 21배씩이나 오르는 상승장에서도 개인들은 십중팔구 손해를 본다는 것이다. 일부러 그렇게 하기도 쉽지 않을 것 같다. 그런데 그 어려운 걸 개미투자자들은 신통방통하게도 용케도 해낸다. 어떻게? 단기투자로. 또 어떻게? 잘못된 종목 선정으로. 개미투자자들이 40년간 21배 오르는 주식시장에서 기가 막히게 모든 이익을 다 피해가며, 거꾸로 손해를 본 신통방통한 비결은 결국 단타와 잘못된 종목 선정에 있는 셈이다.

그래서 나는 인덱스펀드에 장기투자하라고 조언한다. 그러면 필승하게 된다. 인덱스펀드에 가입한 뒤 1년이 지나면, 당신은 약 70퍼센트의 펀드매니저 수익률을 앞지를 수 있다. 만약 당신이 인덱스펀드를 10년간 장기보유하게 된다면 펀드매니저 수익률을 비교할 때 상위 10퍼센트에 들어갈 수 있다. 아무것도 하지 않아도, 주식에 대해서 하나도 몰라도 대부분의 펀드매니저를 이길 수 있다. 놀랍지 않은가? 정말 그런 일이 일어나는 곳이 주식시장이다.

왜 인덱스펀드에 투자하지 않을까?

당신이 아무리 게으르고 주식에 대해 무지하더라도 10년만 인덱스펀드에 투자하면, 최고 대학을 나와 최고 연봉을 받으며 밤낮으로 연구하고 투자하는 펀드매니저들 대부분을 이길 수 있다. 그런데 왜 사람들은 인덱스펀드에 투자하지 않는 것일까? 의심이 많기 때문이다. 하지만 투자할 만한 근거는 차고 넘친다.

워런 버핏이 42년간의 투자 기간 동안에 S&P500을 이긴 해는 28년이고 14년은 졌다고 한다. 버핏도 3년에 한 해꼴로 인덱스펀드에 뒤진 것이다. 마젤란펀드 운용으로 유명한 피터 린치는 어땠을까? 펀드 운용 기간인 16년 동안에 겨우 7번 이겼고 더 많은 9번을 졌다. 윈저펀드를 운용한 가치투자의 대가 존 네프는 어땠을까? 운용 기간 31년 중 21년을 이겼고 10년은 졌다. 워런 버핏에게 커다란 영향을 미친 필립 피셔의 아들 켄 피셔는 11년 동안 8번 이기고 3번을 졌다.

이렇게 세계적인 투자의 대가들도 인덱스펀드를 이기는 것이 쉽지 않았다. 하물며 평범한 펀드매니저야 말해 무엇하겠는가? 그래서 나는 주식에 대해서 잘 모르는 대부분의 투자자에게 허황된 꿈을 버리고 인덱스펀드에 장기투자하라고 권한다.

그런데 투자자들은 내 간곡한, 이런 제안을 아주 쉽게 걷어차버린다. 왜일까? 인간의 뇌가 불량품이라서 그렇다. 우리의 뇌는, 정확히 말하자면 변연계(동기와 정서를 주로 담당하는 것으로 알려진 뇌의 구조물)는 즉시 만족을 추구하도록 만들어져 있다. 기다리는 걸 싫어한다. 만족을 지연시키는 걸 정말 싫어한다. 그런데 다행히도 우리의 뇌에는 즉시 만족을 추구하는 충동에 브레이크를 거는 부분도 뒤늦게 아주 조금 만들어졌다. 바로 전두엽(대뇌반구의 앞에 있는 부분으로 기억력, 사고력 등을 주관하는 기관)이다. 더 세부적으로 말하면, 전전두엽피질은 즉시 만족시켜주는 충동을 자제하게 해준다. 또 두

정피질 부분은 인덱스펀드에 장기투자하는 게 좋겠다는 생각을 할 수 있게 해준다.

그러나 우리의 뇌는 즉각적 만족을 추구하는 변연계가 자제력을 발휘하는 전두엽보다 강력하게 작동하는 불량품이기에 언제나 근시안적으로 행동하기 쉽다. 우리 모두 불량품 뇌를 가졌지만 사람마다 그 정도에 차이가 있다고 한다. 전두엽이 활성화된 뇌를 가진 사람은 상대적으로 만족을 더 잘 지연시킬 수 있다는 것이 실험에서 밝혀졌다. 반면에 죄수들은 전두엽 기능이 일반인에 비해서 상대적으로 덜 활성화된 걸로 관찰되는데, 이 때문에 죄수들이 즉각적인 만족을 원하고 충동적이며 자기 통제력이 약하다고 한다. 대체로 성실한 사람들이 전두엽이 활성화된 뇌를 가졌다고 한다.

결국 투자자들이 장기투자를 하지 않는 이유는 바로 근시안적 본능을 탑재한 불량품 두뇌 때문이다. 근시안적 본능으로 빨리 부자가 되려 하기 때문이다. 투자자들은 지루하게 기다리는 것을 싫어한다. 그래서 이 종목 샀다가, 며칠 뒤면 팔고 다른 종목으로 갈아타기를 반복한다. 한국인이 특히 그렇다. 한국인의 평균 주식보유기간이 전 세계에서 네 번째로 짧다는 보고도 있다. 문제는 앞서도 말했지만 단기투자 성적이 나쁘다는 것이다.

단기투자는 왜 실패하기 쉬울까?

아주 가끔은 단타로도 돈을 버는 희귀한 투자자가 있긴 하지만 평균적으로 대다수 단타 투자자들은 돈을 벌지 못한다. 왜 그럴까? 그것은 주식시장의 특징 때문이다. 주식은 전체 보유기간 중 약 5퍼센트의 짧은 기간 동안에 수익의 80퍼센트 이상이 발생한다.

즉, 주가가 100일 동안 바닥을 치다가도 마지막 5일에 크게 오를 수 있다는 것이다. 그러니 그 5일간 주식을 가지고 있지 않는다면 수익을 얻을 수 없다. 이건 통계적으로 확인된 사실이다. 미국이나 한국이나 다 똑같다. 전체 기간 중 가장 수익이 좋은 1퍼센트의 기간을 제외하면 대부분의 수익은 사라져버린다고 한다. 그래서 주식투자 대가들이 웬만하면 시장에 계속 머물러 있으라고 조언하는 것이다.

그러나 개미투자자들은 조금 오르면 올랐다고, 조금 내리면 내렸다고 급하게 팔아버린다. 그러니 확률적으로 수익이 나는 5퍼센트 기간을 요리조리 피하는 결과가 나오는 것이다. 평균적으로 그렇다는 말이다.

단타로 돈을 버는, 뛰어난 감각을 가진 투자자들을 보면 나도 부럽다. 그런 감각은 쉽게 배울 수 있는 게 아니다. 감은 스스로 터득하는 것이지 누가 전수해줄 수 있는 게 아니다. 4할대 타자가 되고 싶지 않은 야구선수가 어디 있겠는가? 4할대를 치려면 감을 타고 나야 하는 것처럼 주식투자에서 단타로 버는 것도 비슷하다.

이제 40년간 21배 오르는 상승장에서도 일반 투자자들이 왜 실패했는지 이해가 되었을 것이다. 그럼 어떻게 해야 할까? 실패를 뒤집어야 한다. 자기 머리만 믿으면 안 된다. 인간의 뇌는 주식투자에서 말아먹기 딱 좋은 불량품이다. 아마도 그동안 해온 것과 반대로만 한다면 초대박 날 수도 있다. 단기투자 대신 장기투자를 해야 한다.

성공한 사람은 장기투자를 권한다

주식시장에서 성공한 투자가들은 이구동성으로 장기투자를 권한다. 케인스는 이 부분에 대해서 그의 저서 『고용, 이자, 화폐의 일반이론』에서 자세히 언급하고 있다. 그는 인간의 본능이 근시안적이어서 미래에 얻을 이익을 너무 심하게 할인하기 때문에 장기투자가 유리하다고 했다. 그는 실제로 인간의 근시안적 본능을 역이용해서 큰돈을 번 사례를 밝힌 적도 있다. 사람들은 1년 뒤의 상황에 대해서 관심이 없다는 것이 케인스의 설명이다.

워런 버핏은 이렇게 말했다. "내가 선호하는 주식보유기간은 영원히다." 앙드레 코스톨라니는 "우량주를 사고 동시에 수면제를 먹어라! 그리고 10년 뒤에 깨어나라. 그러면 부자가 되어 있을 것이다"라고 했다. 한국에서도 큰돈을 번 슈퍼개미는 이렇게 말한다. "주식계좌를 장기용과 단기용으로 나눠서 운용하세요."

이처럼 주식투자에 성공한 투자자들은 하나같이 근시안적 본능

을 극복하고 장기투자를 하라고 말한다. 한번 믿어보자. 우량종목
에 장기투자하자.

공포감을 느낄 때
매수하라

내 친구 A는 다시 한 번 IMF 사태가 오면 '몰빵'을 해서 부자가 될 것이라고 말한다. 당시에 자기는 현금을 가지고 있었는데도 왜 투자하지 않았는지 후회한다. 또다시 2008년의 금융위기가 와서 주가가 폭락하면, 그땐 용감하게 올인해서 부자가 될 것이라고 다짐하고 맹세한다.

막상 폭락장이 눈앞에 현실로 펼쳐지면 어떨까? 아마도 생각처럼 행동하기는 쉽지 않을 것이다. 실제 이번 코로나 바이러스로 주가가 폭락하자 다시 한 번 IMF나 금융위기가 오면 '몰빵'하겠다던 A는 잠잠하다.

당신도 월터 미티 같은 투자자인가?

대부분의 사람들은 상상 속에서, 막연한 가정에서는 한없이 용감해진다. 하지만 막상 현실에 부딪히면 소심한 겁쟁이가 되어버린다. 이를 두고 '월터 미티 신드롬'이라 하는데, 제임스 서버의 소설 『월터 미티의 은밀한 생활』* 속 주인공 월터 미티처럼 상상하고 꿈꾸지만 실제 현실에선 효과 없는 사람을 가리킨다.

사회심리학자 딘 프루이트는 대부분의 투자자가 월터 미티와 비슷하다고 말한다. 주가가 오르면 용감해지고 더 많은 위험을 감수한다. 그러나 막상 주가가 급락하면 도망갈 문을 향해 달려간다. 평소에 당신은 어떤 투자자이냐고 물어보면, 대부분의 투자자들은 상상 속의 월터 미티처럼 자신은 두려움이 없는 폭격기 조종사 같은 투자자라고 대답한다. 그러나 폭락장이 닥치면 아내에게 유순하고 소심한, 현실의 월터 미티가 되어버린다.

시장에 피가 흥건할 때 매수하라!

코로나 사태로 장이 폭락했을 때 나는 몸에 식은땀이 흘렀다. 밤잠도 설치게 되었다. 폭락장이 오면 내 몸은 항상 그런 반응을 보이곤

---

* 월터 미티의 은밀한 생활
제2의 마크 트웨인으로 불리는 20세기 최고의 유머작가 제임스 서버의 작품. 소심하고 예민한 중년 남성 월터 미티는 현실에서 마주치는 인간관계에 쉽게 상처 입고 공상의 세계로 빠져든다. 작품이 히트하면서 월터 미티라는 이름은 '지극히 평범한 삶을 살면서 터무니없는 공상을 일삼는 사람'을 지칭하게 되었다.

했다. 공포감을 의식하지 않아도 몸이 무의식적으로 그렇게 반응한다. 여러 번 폭락장을 경험하다 보니 이제는 내 신체 반응만 봐도 공포감이 어느 정도인지 가늠할 수 있을 정도다.

그럴 때면 나는 의식적으로 되뇐다. 매도하면 안 되고, 돈이 있다면 저점 타이밍을 봐서 추가로 매수해야 한다고 되뇐다. 그런데 놀랍게도 나만 그런 게 아니고, 24조 원을 굴리는 조지 소로스도 신체 반응을 투자에 활용한다고 말한 바 있다. 조지 소로스는 자신의 신체반응을 보며(몸이 아프다고 한다) 포지션을 정리하거나 변경한다고 한다. 인간은 누구나 공포나 위험을 느끼면 식은땀이 흐르고 숨이 막히는 등 신체 변화를 나타낸다.

헤지펀드 매니저이자 CNBC(미국 경제뉴스 전문방송) 투자프로그램인 〈매드머니(Mad Money)〉의 진행자 짐 크레이머도 폭락장에서 자신이 느낀 감정을 이렇게 표현했다.

온 세상이 무너져 내린다. 숨을 자연스럽게 쉴 수 없고 억지로 쉬어야 한다. 머리가 텅 비게 된다. 땀이 비 오듯 흐르고 무서워 벌벌 떤다. 패닉조차 오지 않는다. 아무 반응도 할 수 없다. 아무것도 할 수 없다.

심리적 동결의 공포와 가능성

폭락장이 오면 무서울 뿐 아니라 얼어붙게 되는 경우도 있다. 사슴을 어떻게 사냥하는지 아는가? 사냥꾼이 깜깜한 밤에 지프차를 몰고 다니면서 탐조등을 켜는데, 탐조등에 딱 걸려 눈이 마주친 사슴은 그냥 얼어붙어 그 자리에 꼼짝 못하고 서 있게 된다. 달아나야 하는데 그냥 얼어붙어 서 있다. 그 사이에 사냥꾼이 총을 쏴서 사슴을 쓰러뜨린다.

투자자도 폭락장이 오면 탐조등 불빛에 눈이 마주친 사슴처럼 될 수 있다. 난 실제로 사무실 옆자리의 후배 투자자가 그렇게 되는 걸 목격한 적이 있다. 사지도 팔지도 못하고, 아무것도 못하고 몸이 아픈 것이다. 이걸 심리적으로 동결이라고 하는데, 말 그대로 얼어붙는 것이다. 그런 순간을 경험하게 되면 옆에서 어떤 조언을 해도 효과가 없다. 스스로 그런 상태인 걸 깨닫고 한 차원 높은 수준에서 자신을 객관적으로 바라볼 수 있어야 하고, 초인적 용기를 내야만 겨우 빠져나올 수 있다.

공포와 마주한 인간 역시 동물이고, 사슴과 별반 다르지 않다. 그래서 투자자가 공포감을 극복하기란 쉬운 일이 아니다. 정말 그렇다. 말로는 쉽지만 막상 닥치면 절대로 쉬운 일이 아니다.

나는 폭락장이 오면 스스로에게 이렇게 말한다.

이제 이재용과 내 재산 차이가 줄어드는 거구나. 한편으로 좋은 점도 있네. 모든 주식이 제로로 수렴되면 나뿐만 아니라 모두가 다 같이 개털되는 거지, 뭐. 나보다 더 많이 투자한 사람은 더 큰 손해를 보았을 거야. 그에 비하면 난 새 발의 피야. 너무 쫄 것 없어. 어차피 빈손으로 왔다가 빈손으로 가는 건데, 재산 좀 줄어들었다고 인생이 달라질 것 없어. 이번 폭락장은 좋은 기회야. 용기를 내서 더 사야 해.

그래서 지난 폭락장에 얼마 남지 않은 돈을 탈탈 털어서 추가로 매수했다. 그리고 평소 소득 대비 저축이 많은 딸에게도 말했다. 내가 보기엔 절호의 투자기회다. 지금 매수하는 게 좋겠다! 그렇게 해서 내 딸은 그동안 저축계좌에 묶어놓았던 자금의 95퍼센트 이상을 주식에 투자했다. 나를 신뢰해서 그런 건지, 겁이 없는 건지 망설임 없이 투자했다. 최근에 물어보니 약 50퍼센트 정도 수익이 올랐다고 한다.

왜 사람들은 폭락장에서 매수하지 못할까?

나는 폭락장일 때 주식을 매수해야 한다고 인터넷 카페에 글을 올렸다. 그리고 딸에게 어떤 종류의 주식을 샀는지도 공개했다. 경제적으로 힘들어하는 사람들에게 작지만 성공의 경험을 하게 해주고 싶어서였다. 그러나 대다수 사람들은 내 글을 읽고도 폭락장에서 주식을 사지 못했을 것이다.

왜 사람들은 폭락장에서 매수하지 못했을까? 주식시장에서 돈을 버는 비결은 시장에 피가 흥건할 때 매수하는 것이다. 폭락으로 신용투자자들이 반대매매(매매계약을 한 상품을 다시 사거나 파는 일) 당하고 손절매를 하고 매스컴에서 난리가 날 때 주식을 매수해야 한다. 투자자라면 이걸 모르는 사람이 있을까? 누구나 한 번쯤 들어봤을 법한 투자조언이다.

게다가 우리는 IMF도 겪었고 금융위기도 겪어봤다. 주가가 폭락했을 때 또는 부동산 가격이 폭락했을 때 사야 했다는 것을 학습했다. 그래서 다시 자산가격이 폭락하면 올인할 거라고 다짐까지 했다. 그런데도 막상 그런 위기가 닥치면 올인은커녕 가진 것마저 다 던지고 도망가기 바쁘다.

왜 우리는 폭락장에 투자하지 못할까? 이쯤에서 당신의 뇌를 의심해봐야 하는 것 아닌가? 당신의 뇌는 주식투자에 실패하게 만들어진 불량품이란 걸 인정해야 하지 않을까? 그래야만 한 차원 높은 곳에서 우리 자신을 조망할 수 있고, 우리의 본능과 두뇌를 뛰어넘어 행동할 수 있다.

우리의 뇌는 애초 주식투자로 망하기 딱 좋게 생겨먹었다. 인간이란 언제나 생겨먹은 대로 행동하지 자신의 본능과 두뇌를 거슬러서 행동하는 사람은 거의 없다. 그런 원시인은 애당초 사자 밥이 되거나, 뱀에 물려 죽거나, 독충에 쏘여 죽거나, 독버섯을 먹고 죽어서 후손을 퍼트릴 기회도 얻지 못했다. 너나없이 우리 모두는 조심성 많은 겁쟁이와 새가슴을 가진 졸보 원시인의 후예들이다. 그래서 우리가 그렇다.

자기인식을 통해서 자신을 극복하라

우리는 자기인식을 통해 자신을 극복해야 한다. 뇌과학자들의 설명도 그렇다. 두려움을 느끼는 정도가 사람마다 다르다고 한다. 사람마다 세로토닌 전달유전자(5-HTT)의 촉진자 부분이 다르게 생긴 것이다. 촉진자 부분이 짧은 형태를 띤 사람은 다른 사람보다 두려움을 느끼는 편도체가 더 예민하게 활성화된다고 한다. 한마디로 두려움을 느끼는 안테나가 더 예민해서, 두려움을 더 잘 느끼고 무서움도 더 많다는 것이다. 결국 '간땡이'와 '겁대가리'는 어느 정도 타고난 것이다.

그러나 당신이 겁이 많은 사람이라고 해서 실망할 필요는 없다. 인간이란 자기인식을 통해서 자신을 극복할 수 있는 위대한 존재이기 때문이다. 조지 소로스는 자신의 신체반응을 투자에 활용한다. 나도 식은땀이 흐르면, 지금 다른 투자자들이 얼마나 공포감을 느끼고 있는지 가늠한다.

늘 하는 말이지만 부자가 되려면 본능을 극복해야 한다. 근데 쉽지 않다. 말로는 모두들 방구석 여포다. 입으론 용자이지만 막상 위기가 닥치면 36계 줄행랑이다. 주식투자에서 돈 버는 비결은 시장이 피로 흥건할 때 매수하는 것이다.

최악의 상황일 때
매수하라

1939년 제2차세계대전이 발발했다. 당시 세상은 불안과 두려움이 지배하고 있었다. 그러던 어느 날 한 증권사 중개인에게 이상한 전화 한 통이 걸려왔다. 그에게 1달러 미만에 거래되는 주식을 빠짐없이 100주씩 사달라는 주문이었다. 언제 망할지도 모를 1달러 미만 동전 주식을 모두 사달라니……. 이해할 수 없는 주문이었다. 증권사 직원은 처음엔 장난 전화인 줄 알았다. 그러나 전화를 한 젊은이의 태도는 매우 진지했다. 증권사 직원은 104개 종목을 100주씩 총 1만 달러어치 사주었다.

이렇게 투자한 1만 달러는 4년 후 4만 달러가 되었다. 오늘날 가치로는 100만 달러가 넘는다. 최초 투자금 1만 달러도 직장 선배에게서 빌린 돈이었다고 한다. 그 젊은 투자자가 바로 존 템플턴이고, 그의 전설은 그렇게 시작되었다.

공포심은 생존과 번식의 기본 전제 ——————

당신이라면 어땠을까? 전쟁이 발발하고 불안과 두려움이 지배하는 시기에 모두가 외면하는 가장 위험한 주식을 돈을 빌려 사는 배짱을 가질 수 있을까? 그리고 4년간 기다릴 인내심을 가질 수 있을까? 대다수는 아닐 것이다. 아무나 할 수 있는 일이 절대로 아니다. 99퍼센트 인간이 그렇게 할 수 없도록 만들어졌기 때문이다.

인간은 생존에 유리하게 진화해왔다. 맹수, 감염병, 위험에 민감하게 대비할 수 있었던 조상들만 살아남았다. 공포와 두려움은 인간을 생존하게 만든 위험감지 안테나였다. 안테나가 무딘 원시인들은 모두 맹수의 밥이 되거나, 독사에 물려 죽거나, 질병에 감염되어 죽었다. 조심성 많고 예민한 안테나를 가진 인간만이 오래 생존할 수 있었고 후손을 퍼트릴 수 있었다. 우리가 바로 그런 조심성 많은, 예민한 안테나를 가진 조상들의 후예다.

우리의 두뇌는 위험에 잘 대처하고, 살아남기 위해서 공포심이란 감정을 잘 느끼게 만들어졌다. 두뇌에서 공포심을 담당하는 부분은 어디인가? 편도체이다. 편도체에 손상을 입은 환자는 공포심을 느끼지 못한다. 거미와 뱀을 만지기도 하고 맹수도 무서워하지 않는다. 우리 모두는 정상적인 뇌를 가지고 있고, 정상적으로 작동하는 편도체를 가지고 있기에 공포심을 느끼고 위험에 대처하며 생존을 이어 나갈 수 있는 것이다.

공포 구간에 배팅하는 기술

인간은 두 가지 방식의 사고를 한다. 느린 사고와 빠른 사고이다. 이성적으로 느리게 생각하는 방식이 있고, 거의 직관적으로 빠르게 생각하는 방식이 있다. 최초로 노벨경제학상을 받은 천재 심리학자 대니얼 카너먼*의 주장이다.

즉, 인간은 공포에 사로잡히면 이성적이고 논리적인 느린 사고를 하는 게 아니고, 편도체가 주도하는 빠른 본능적인 사고에 따르게 만들어져 있다는 것이다. 이런 편도체 중심의 빠른 사고 시스템 덕분에 우리는 맹수를 만났을 때 생각할 틈도 없이 도망가 살아남을 수 있고, 또 자동차가 자신을 향해 달려올 때도 반사적으로 피해서 살아남을 수 있는 것이다.

그러나 투자의 세계에서는 편도체가 주도하는 빠른 사고가 좋은 결과를 가져오지 않는다. 투자는 편도체가 주도하는 본능적인 빠른 사고방식에 따르면 성공하기 어렵다. 공포 상황에서 편도체가 주도하는 본능적인 사고방식은 투자를 실패로 이끈다. 공포에 사로잡히면 이성적이고 합리적인 사고방식은 '편도체가 주도하는 사고방식에 의하여 하이재킹' 당하게 되어 있다.

---

*대니얼 카너먼

Daniel Kahneman. 1934~ 현재 미국 프린스턴대학교 명예교수이다. 2002년 노벨경제학상을 수상했다. 판단과 의사결정분야의 심리학, 행동경제학과 행복심리학에 업적을 남겼다.

공포에 사로잡히면 합리적이고 장기적인 투자 판단을 할 수가 없다. 그래서 주가가 폭락하면 대부분의 투자자들이 투매하고 도망가는 것이다.

주식투자를 잘하는 한 후배가 이런 말을 한 적이 있다. 주가가 공포로 급락했을 때 덜덜 떨리는 손으로 매수를 클릭한다고. 가슴은 도망가라고 외치지만 이성으로 간신히 공포감을 억제하고 덜덜 떨면서 매수한다고. 물론 투자에 적합한 두뇌를 가지고 태어나는 사람도 있다. 하지만 공포 구간에 배팅하는 것은 대가인 워런 버핏이 직접 가르쳐주어도 안 되는 경우가 대부분이다. 존 템플턴의 조언을 되새겨보자.

주식을 싸게 사야 한다는 건 누구나 안다. 그러나 시장을 보면 사람들이 그렇게 행동하지 않는다. 주가가 하락하면 자신감을 잃고 뒤로 물러선다. 대다수의 심리에 역행하는 것은 대단히 어려운 일이다. 모두가 주식을 팔 때, 모든 게 최악의 상황일 때 주식을 매수해야 한다.

마음 편한 선택이 아니라
옳은 선택을 하라

공포에 대한 두려움은 사람마다 다른 것 같다. 공포 시에 주식을 사야 한다고 아무리 조언해주어도 소용이 없는 사람이 있다. 투자 관련 책을 100권 읽어도 소용없다. 공포 시에 사는 건 마치 번지점프에 도전하는 것과 같기 때문이다. 예능 프로그램에서 많은 연예인이 번지점프대 위에 올라서서 망설이거나 뛰지 못하고 포기하는 경우를 보게 된다. 평소에는 막연하게 자신도 할 수 있다고 생각하지만, 막상 점프대 위에 올라서면 공포에 사로잡혀서 꼼짝 못하고 뛰지 못하는 것이다.

공포 구간에서 매수하는 것은 어려운 일이다

타고날 때부터 두려움이 큰 사람이 있다. 이들은 공포 구간에 투자할 수 없다. 내가 캐나다에 살 때 집 근처에 서스펜션 브리지가 있었다. 나는 그곳을 좋아해서 자주 갔는데 아내는 건너지 못했다. 그 흔들다리가 아찔하게 깊은 계곡 위에 매달려 흔들거리기 때문이다. 건너면 100달러를 준다고 해도 아내는 도전을 포기하곤 했다. 이처럼 타고난 두려움은 사람마다 다른 것이다.

투자도 번지점프와 같다. 번지점프를 해야 돈을 벌 수 있지만, 번지점프를 못하는 사람이 있다는 것이다. 사실 공포 구간에서 매수하는 것은 누구든 쉬운 일은 아니다. 나는 장이 폭락하면 등에서 진짜로 식은땀이 흐른다. 폭락장이 이어질 땐 새벽에 잠을 설치고, 미국 시장을 확인하는 순간엔 긴장감을 이기기 어렵다. 그래도 나는 다른 사람들보다는 공포를 더 잘 견디는 것 같다고 아내에게 말했더니, 아내는 이렇게 말한다. "그건 당신이 산전수전 공중전을 다 겪어서 그런 거야." 그럴 수도 있다. 나도 항상 겁나고 어렵다.

다른 사람의 성공은 쉬워 보인다 ──────

어느 신부님의 강연 한 대목이 생각난다. 신부님이 신자들을 위한 공간을 마련하기 위해 땅을 샀다고 한다. 보통 초등학교보다 넓은 부지가 2억 원에 나왔는데, 인근 시세에 비해 엄청 싸게 나와서 놓치면 후회할 것 같았단다. 신부님은 가지고 있는 돈은 없었지만 그 땅을 사기로 마음먹고 선배 신부님에게 돈을 빌려서 땅을 샀다고 했다. 그러자 신자들 사이에 소문이 돌았단다. "신부님이 무슨 생각인지 모르겠다"는 둥 "신부님이 업자에게 속아서 사기를 당했다"는 둥. 소문은 돌고돌아 결국 신부님 귀에까지 들어왔고, 신부님은 혼자서 속앓이를 했다고 한다.

그런데 1년 뒤에 그 땅이 아주 많이 올랐단다. 신부님은 일부 땅을 되팔아서 선배 신부님에게 빌린 돈을 갚았다고 했다. 그래도 보통 초등학교 부지만큼의 땅을 가지게 되었다고 했다. 드디어 그 땅에 신자들을 위한 시설을 지었고, 신자들의 오해는 봄날 눈 녹듯 녹아내렸단다. 신부님도 사람인데 당시 신자들에게 서운한 마음이 왜 없었겠는가. 신부님은 이렇게 얘기했다. "내가 마음고생한 것은 하느님과 나만 알 겁니다."

나는 신부님의 강연을 듣고 문득 이런 생각이 들었다. '투자도 마찬가지다. 남들이 투자해서 돈 번 것은 시간이 지나면 다 쉬워 보인다.' 남들의 성공은 쉬운 것처럼 보이는 것이다. 그래서 자신에게도 그런 기회가 오면 다시는 놓치지 않겠다고 맹세한다. 그러나 막상 그런 어려운 상황이 닥치면 생각이 달라진다. 이번에는 진짜 망할지도 모른다는 공포감이 밀려오면서 두려움이 엄습하기 때문이다. 사실 현재와 미래는 과거의 단순한 반복이 아니다. 그래서 언제나 투자는 어려운 것이다.

마음 편한 선택보다 옳은 선택을 하라 ———————

코로나 사태로 주가가 폭락했을 때 딸과 주식투자에 대해서 많은 이야기를 했다. 딸은 인덱스펀드, 유럽 항공사, 글로벌 석유회사, 주류회사, 럭셔리 브랜드회사 주식을 샀다. 두렵지 않느냐고 물으니 전혀 걱정하지 않는다고 했다. 일이 년 뒤쯤 팔 생각이라 지금의 주가변동에 별로 신경을 쓰지 않는다고 했다. 나를 닮아서인지 딸도 대책 없는 낙관론자다. 코로나 바이러스에 대해서 이야기하면 둘다 "여름 되고 날씨 따뜻해지면 진정될 것 같은데" 이런 식이다. 이번에 산 종목은 모두 폭락 구간에서 산 덕분에 수익이 난 상태이고 대부분 40퍼센트 넘게 올랐다. 나는 딸에게 이렇게 충고한다.

마음이 편한 선택을 하려 하지 말고 옳은 선택을 해야 한다. 대중이 하지 않는 것을 하려고 해야 한다. 대중은 옳은 선택보다는 마음 편한 선택을 더 좋아한다. 대중은 위험을 무릅쓰지 않으려 하고 안전하기를 원한다. 그러나 남보다 더 많은 수익을 원한다면 남과 달라야 한다.

용기 있는 사람이
주식투자에 성공한다

"주식투자 잘하고 못하고는 타고나는 것이다."

어느 주식 고수가 자신의 주변 사람들을 오랫동안 관찰하고 경험한 바에 따라 내린 결론이다. 이 말이 사실일까? 나는 100퍼센트 사실은 아니지만 일부는 진실이라고 생각한다. 주변을 살펴보면 위험에 대처하는 태도가 사람마다 다른 것을 알 수 있다.

나는 평균보다 간이 좀 큰 편인 것 같다. 사실 나는 '개털'이었을 때도 "어차피 원래 개털인데 여기서 더 나빠질 것도 없다. 공수래 공수거지, 뭐"라고 말하면서 몽땅 배팅했다. 기댈 곳은 월급뿐이었지만 생활비를 최대한 줄이며 대출이자까지 지출하면서, 항상 가진 것보다 더 많이 배팅했다. 장인어른이 그런 내가 한심했던지 "기지도 못하는 주제에 날려고 한다"며 충고를 하셨을 정도다. 나를 비교적 잘 아는 친구도 내가 과감하게 배팅하는 능력 하나는 타고났다고 말해주었다. 뭐, 그것도 젊었을 때 이야기이고 지금은 많이 약해

졌다. 나이가 들면 그렇게 된다. 그러니 젊었을 때 과감하게 배팅하지 못한다면 나이 들어선 더욱더 힘들어진다. 한 살이라도 젊을 때 용기를 내서 과감하게 배팅해야 한다.

투자 성공 공식의 2가지 변수

나는 젊을 땐 세상 사람들이 다 나 같은 줄로만 알았다. 그런데 살면서 보니까 나처럼 간이 붓고 허파에 바람 든 한탕주의자는 별로 없었다. 그 덕에 나는 손해도 많이 보았고 또 많이 벌기도 했다. 투자 한번 잘못했다 한방에 10억 원을 날린 적도 있다. 그동안 많은 전업 투자자들이 파산으로 사라졌다. 다행히 나는 운이 좋아서 아직 살아남아 있고, 꾸준히 투자를 하고 있다. 그동안 치른 수업료 덕분에 많은 것을 배웠고 깨달은 것이다.

주식투자에 성공하려면 두 가지가 필요하다. 일단 아무리 똑똑하고 많이 배웠다고 해도 배팅을 하지 못하면 돈을 벌 수 없다. 배팅하려면 용기가 필요하다. 그래서 용기를 앞에 둔 것이다. 공식으로 정리하면 다음과 같다.

용기 + 지식 = 투자 성공

그런데 사람마다 용기를 담당하는 뇌가 다른 것 같다. 역사적으로 보면 예금이나 채권에 투자하는 것보다 주식에 투자하면 돈을 더 많이 버는데, 왜 사람들은 주식보다 예금이나 채권에 투자를 더 많이 할까? 그게 미스터리였다.

이 의문을 풀기 위한 실험이 이루어졌다. 행동경제학자인 미국 카네기 멜론대학의 조지 로웬스타인 교수와 뇌과학자인 아이오와 대학의 안토니오 다마지오 교수의 공동연구팀이 실험한 것이다. 연구팀은 두려움을 느끼는 부위가 손상된 환자와 건강한 사람을 대상으로 동전 던지기 게임을 하게 했다.

게임은 한 번에 1달러를 걸 수 있고, 총 20회까지 동전 던지기 게임을 할 수 있도록 피실험자들에게 20달러씩 주었다. 그리고 동전 던지기를 해서 앞면이 나오면 2.5달러를 주었고 반대로 뒷면이 나오면 '꽝'이었다. 동전의 앞면과 뒷면이 나올 확률은 똑같이 50퍼센트다. 동전을 던지지 않겠다고 하면 그냥 안전하게 1달러를 지킬 수 있다.

결과는 놀라웠다. 뇌가 건강한 사람과 뇌가 손상되어 두려움을 느끼지 못하는 사람 간에 투자에 도전하는 횟수가 크게 차이가 났다. 뇌가 건강한 사람은 58퍼센트만 투자했다. 반면 뇌가 손상된 사람은 84퍼센트까지 배팅했다. 두려움을 느끼지 못하는 사람이 더 많이 위험을 감수하고 배팅한다는 게 밝혀진 것이다. 두려움을 느끼지 못하는 사람이 당연히 더 많이 벌었다.

배팅이 두려운 이유

배팅이 두려운 이유는 당신이 지극히 평범한 두뇌를 가진 인간이기 때문이다. 당신은 조심성 많고 위험을 잘 인지해서 살아남을 수 있었던 원시인의 후예다. 조심성 없고 간이 큰 원시인들은 겁 없이 덤비다 다들 일찍 저 세상으로 가서 후손을 남길 수도 없었다. 그래서 오늘날 우리가 너나 할 것 없이 모두 새가슴이고, 조마조마하면서 이자도 없는 예금이나 하며 사는 걸 더 좋아하는 것이다.

그런데 타고난 대로, 본능대로 산다면 부자되기 쉽지 않다. 용기를 내야 한다. 본능을 거슬러야 한다. 방 안으로 파리가 들어왔을 때 내보내려고 반대쪽 창문을 열어주지만, 파리는 해방구를 보지 못하고 자꾸 창문에 가 부딪치는 것을 본 적이 있을 것이다. 파리는 자기 뇌를 극복할 수 있을까?

인간도 마찬가지다. 성공하려면 자기 자신을 극복해야 한다. 자신의 본능과 두뇌를 극복할 수 있어야 한다. 그러려면 본능의 노예가 되지 말고 한 차원 위에서 자신을 바라볼 수 있어야 한다. 나는 주식투자가 항상 자신과의 싸움이란 말에 백 번이고, 천 번이고 동의한다.

탐욕을 이겨낼 용기가 있는가 ────────

대부분의 투자자들이 낙관적이고 탐욕적일 때, 바로 그때가 매도시점이다. 그런 시기는 언제 오는가?

경제가 좋고 주식시장이 활황일 때 투자자들은 탐욕을 느낀다. 즉 불황일 때보다 호황일 때, 주시시장이 침체되었을 때보다 활황장일 때 투자자들이 탐욕을 느끼게 된다. 따라서 경제가 호황인지 불황인지를 보면 매도시점을 포착할 수 있다. 경제성장이 잘되고 있다면 투자자들은 오히려 조심해야 한다. 경제가 좋은데다 주식시장마저 활황이면 투자자들이 탐욕을 느끼기 좋은 환경이 조성된 것이다.

투자자들의 탐욕을 나타내는 지표는 다음과 같다.

탐욕을 관찰할 수 있는 지표

- 빚내서 투자하는 신용잔고가 늘어난다.
- 주식투자로 돈을 번 성공담이 신문에 보도된다.
- 경제가 좋고, 주식시장도 더 많이 오를 것이란 전망이 많다.
- 위험한 부실주식이 활발히 거래되고 주가도 오른다.
- 평소 관심이 없던 일반인들도 주식투자에 뛰어든다.
- 쉴러 교수가 개발한 주가지표(CAPE)가 고평가되었다.
  (http://www.multpl.com/shiller-pe/에서 확인할 수 있다.)

이런 지표들을 종합적으로 판단하여 투자자들의 심리가 어떤지 파악해야 한다. 투자자들은 조심성이 없을 때일수록 신중해져야 한다.

주식투자 잘하려면
남과 달라야 한다

남과 똑같으면 똑같은 결과밖에 기대할 게 없다. 주식투자 성과가 좋으려면 남달라야 한다. 똑같은 자료를 보고, 똑같이 해석하고, 똑같이 행동하면, 남보다 더 나은 수익을 낼 수가 없다. 남달라야 높은 수익을 거둘 수 있다. 대충 생각해도 그렇지 않은가?

난 직장 다닐 때 성과가 부진한 후배 직원을 보면 이렇게 조언하기도 했다. "이제까지 해온 대로 똑같이 하면서 어떻게 다른 결과를 기대할 수 있나? 이제 좀 다르게 해보는 게 좋지 않겠나?" 이런 뼈 때리는 조언을 하고 나면 금방 후회가 밀려온다. 그는 여전히 똑같고, 나와의 관계만 소원해진 것을 피부로 느낄 수 있기 때문이다. 인간은 중대한 계기를 맞아 스스로 깨닫기 전에는 달라지기 힘든 존재다. 그럼에도 불구하고 우리가 포기하지 않고 주식투자에 성공하려면 어떻게 해야 하는지 알아보자.

남다른 수익을 얻으려면 남달라야 한다

당신의 경쟁력은 어디에 있는가? 당신은 어떤 면에서 남보다 더 뛰어난가? 생각이 안 나는가? "화투판이 세 번 돌아도 누가 호구인지 모른다면, 바로 당신이 호구"라는 말을 들어봤을 것이다.

그렇다. 당신의 경쟁력이 떠오르지 않는다면 당신이 호구일 가능성이 매우 높다. 그럼 어떻게 남달라야 하는지 생각해보자.

주식투자란 의사결정이다. 의사결정은 어떻게 이루어지나?

1. 어떤 정보인가?
2. 어떻게 해석하나?
3. 어떻게 행동할 것인가?

이게 전부다. 여기서 먼저 정보에 대해 말해보자. 정확한 정보가 주식투자의 승패를 결정짓는 경우가 대부분이다. 정보를 먼저 취하는 자가 투자에서 승리한다.

예를 들어보자. A는 주식투자를 잘했다. 비결은 남보다 빨리 정확한 정보를 얻는 데 있었다. 그는 어떻게 남보다 빨리, 정확한 정보를 얻을 수 있었을까? 그것은 친화력에 있었다. 그는 회사 직원을 향응으로 구워삶아서 다음 분기 실적을 미리 빼냈다. 그렇게 해서 그는 많은 돈을 벌 수 있었다고 했다. 물론 그 방법은 불법이다.

이처럼 당신이 남보다 빨리 정보를 알 수 있다면 투자에서 우위에 설 수 있다. 그러나 우리는 합법적인 정보를 가지고 투자해야 한다. 대다수 투자자는 똑같은 정보를 가지고 투자할 수밖에 없다. 여기서 어떻게 남다를 수 있을까? 똑같은 뉴스를 봐도 사람마다 해석이 다를 수 있다. 어떻게 그런 능력을 가질 수 있을까? 내 경우엔 독서가 가장 큰 역할을 했다.

나는 1776년에 간행된 아담 스미스의 『국부론』을 읽고 감정적 진입장벽이란 개념을 알게 되었다. 어느 나라든 망나니나 백정은 수입이 좋았다. 술집이나 여관 주인도 돈을 많이 벌었다. 대다수 사람들이 불명예스럽고 혐오스런 직업을 갖기 싫어하기 때문이다. 몇 해 전 나는 경매를 통해 사창가의 허름한 집을 샀다. 2억1천만 원에 낙찰을 받는데, 그 순간 경매장 안이 술렁였다. 당시 시세에 비해 비쌌기 때문이다. 지금 그 집은 호가가 12억 원이 넘는다. 주변 부동산 대표 말로는 입주 때는 못해도 14억 원을 넘어설 것이라고 한다.

주식투자의 예를 들어본다면, 나는 강원랜드에 투자해서 5배를 벌었다. 내가 강한 확신을 가지고 투자한 이유는 로버트 윌슨*의 책을 읽고 카지노주의 위력에 크게 공감했기 때문이다.

*로버트 윌슨

Robert B. Wilson. 1937~현재. 미국 스탠퍼드대학교 경영대학원 명예교수이다. 2020년 새로운 경매형태를 발명한 공로로 노벨경제학상을 수상했다.

워런 버핏은 평생 학습기계로 살았다

위대한 투자자 워런 버핏과 그의 동료 찰리 멍거의 독서에 대한 태도를 보자. 워런 버핏과 40년 이상 동업해온 친구 찰리 멍거 버크셔 해서웨이 부회장은 엄청난 독서량을 버핏의 특수한 자질로 평가했다. 멍거는 평생 '학습기계(Learning Machine)'로 살 수 있는 역량을 지니고 있다는 점에서 버핏을 매우 존경한다고 했다. 그는 "시간 측정기를 가지고 버핏을 관찰하면 그의 전체 시간 중 앉아서 책 읽는 시간이 절반을 차지할 것"이라고 말했다. 버핏은 하루 500페이지씩 책을 읽을 때도 있다고 말해왔다.

찰리 멍거는 누구든 평생학습이 없다면, 이미 아는 지식에서 더 나아가지 못한 채 크게 성공하지도 못할 것이라고 단언했다. 그는 "세계에서 가장 존경받는 기업의 하나이자 인류 문명사에서 최고의 투자기록을 지닌 버크셔 해서웨이를 누군가 인수해 지난 10년간 구사한 똑같은 기법을 활용한다고 하더라도, 다음 10년간 같은 성과를 내지 못할 것"이라고 말했다. 워런 버핏의 꾸준한 독서와 학습이 없었다면 기존의 투자성과도 절대적으로 불가능했을 것이라는 이야기다.

버핏 못지않은 '학습기계'인 멍거는 여러 학문에 걸친 문제를 사고하는 방식으로 두뇌훈련을 한다고 밝혔다. 멍거는 "고립된 사실들만으로는 명철한 결정을 내릴 수 없다"며 "모든 거대 사상과 학문에서 수집한 지식이 있으면 문제를 다른 각도에서 공략할 수 있다"

고 밝히고 있다. 그는 평생 이런 두뇌훈련을 했기 때문에 자신의 삶이 더 재미있어졌다고 털어놓았다. 자기 자신이 더 건설적이고 다른 이들에게 유용하며 엄청난 부자가 되기도 했다는 것이다.

멍거는 또 "한 세대에서 다음 세대로 희생, 지혜, 가치 변화를 전달해주는 것을 과소평가해서는 안 된다"고 강조했다. 그는 가장 똑똑하지도 않고 그렇다고 대단히 부지런하지도 않은 사람이 성공하는 걸 항상 봐왔는데 모두 학습기계였다면서 "그들은 아침에 일어날 때보다 조금 더 똑똑해진 상태로 잠자리에 든다"고 귀띔했다.

이처럼 대가들은 모두 투자자의 덕목으로 독서를 강조했는데, 대체 어떤 책을 읽어야 하는 걸까? 전설적인 펀드매니저 피터 린치는 인문학이 투자에 도움이 되었다고 증언한다. "대학에서 나는 경영학에 보편적인 기초과정인 과학, 수학, 회계학은 피하고 역사학, 심리학, 정치학, 형이상학, 논리학, 종교학, 그리스철학, 인지학 등 인문학을 주로 공부했다. 당시를 회상해보면, 역사나 철학을 공부한 게 통계 따위를 공부한 것보다 주식투자에 훨씬 도움이 되었다는 것이 명백해졌다." 주식투자는 과학이 아닌 예술이기에 모든 걸 정밀하게 수량화하려고 훈련받은 사람은 불리하다는 것이 그의 설명이다.

너 자신을 알라

주식투자는 경쟁이란 점을 명심해야 한다. 그래서 모두가 좋다고 하는 주식이 수익으로 연결되지 않는 경우가 많다. 또 어떤 회사가 전망이 좋다거나 실적이 좋다는 정보를 알았다고 해도, 주가가 이미 많이 올라 있다면 투자수익을 내기 어렵다. 주식시장에서 승자는 언제나 소수이기 때문이다.

당신은 의사결정 과정에서 어떤 강점을 가지고 있는가? 딱히 떠오르는 게 없다면 주식투자에서 어려움에 처할 가능성이 높다. 강점이 없다면 십중팔구 호구되기 십상이다.

성공하려면 전략적으로 사고해야 한다. 거북이와 토끼의 경주에서 거북이는 어떻게 토끼를 이길 수 있었을까? 체력을 기르며 밤잠 안 자고 노력하면 이길 수 있을까? 아니다. 요즘 토끼는 낮잠 안 잔다. 거북이가 토끼를 이기려면 경주를 거절하거나 수영 시합을 하자고 해야 한다.

당신에게 아무런 강점이 없다면, 어떻게 주식투자에서 다른 사람을 이길 수 있을까? 하지 않는 게 남는 것이다. 꼭 하고 싶다면 인덱스펀드에 가입해라. 아무런 강점이 없다고 해도 70퍼센트 펀드매니저의 수익률을 낼 수 있다. 그리고 피터 린치의 조언대로 주식투자에 앞서 내 집 마련부터 하는 게 좋다. 집 사서 성공할 확률은 90퍼센트 이상이기 때문이다.

다시 한번 냉정하게 질문해보자. 당신이 주식투자로 남보다 더 많은 수익률을 낼 수 있다고 자신하는 근거가 도대체 무엇인가? 인생에서 불행을 피하고 성공하고 싶은가? 그렇다면 "너 자신을 알라"는 소크라테스의 조언을 기억해야 한다.

정보에 대한
남다른 해석이 필요하다

정보를 어떻게 해석하느냐가 투자수익률을 결정짓는다. 여기서 정보란 뉴스를 말한다. 과거의 뉴스는 이미 주가에 반영되었다고 봐야 한다. 현재와 미래에 나올 뉴스만 주가를 움직이게 만드는 힘이 있다. 그 뉴스를 어떻게 해석하느냐가 투자수익률을 결정짓는다.

BTS 소속사 빅히트 상장 뒷이야기

방탄소년단의 소속사 빅히트가 상장을 준비한다는 뉴스가 나왔다. 이 뉴스를 주식투자와 관련해서 어떻게 해석해야 할까? 그냥 '방탄소년단 소속사가 증시에 상장되는구나' 하고만 생각하면 아직 주식쟁이가 아니다. 주식을 하는 사람이라면, 적어도 빅히트 상장으로 어떤 주식이 오를지에 생각이 미쳐야 한다.

　나는 엔터테인먼트 주가가 오를 것이라고 예측했다. 증권사들이 빅히트의 상장 후 시가총액을 6조 원대 이상으로 추정한다는 뉴스를 들었는데, 다른 엔터테인먼트 주식을 예로 들면 와이지엔터테인먼트가 그에 비해 너무 싸 보였기 때문이다. 빅히트 상장을 계기로 엔터테인먼트 주식들이 테마를 이루면서 오를 수 있다고 판단했다. 그래서 와이지의 주식을 매수했고, 빅히트 상장 전후로 매도할 계획을 세웠다.

엔터테인먼트주들은 빅히트 상장에 영향을 받아서 주가가 계속 올랐고 와이지도 올랐다.

그런데 빅히트 공모주 신청을 앞두고 주가가 약세를 보였다. 당초 계획은 빅히트 상장 날이나 전일 매도하려고 했지만, 그 계획을 앞당겨서 차익을 실현하고 매도했다. 이후 빅히트는 상장되고 첫날 최고가를 기록한 후에 계속 하락했다. 빅히트는 상장 며칠 만에 첫날 최고가 대비해서 반토막이 났다.

상장 때 빅히트를 매수한 투자자들은 무엇을 잘못했을까? 모든 정보(뉴스)가 이미 빅히트에 반영되어 더 오를 게 없는 상태에서 매수했기 때문에 실패한 것이다. 생각해보라. 빅히트 예상 주가에 대해서는 이미 많은 증권사가 리포트를 공개했다. 예상 주가는 이미 빅히트에 다 반영된 것이다. 이런 리포트는 장밋빛이기 쉽다. 왜냐하면 상장 때 공모주를 비싸게 팔아야 주관사 증권사들의 수수료를 많이 챙길 수 있기 때문이다.

그리고 공모주는 상장 후 최소 6개월간은 수급이 좋지 않은 경우가 많다. 왜냐하면 공모주를 배정받은 기관이나 개미투자자들이 수익이 난 상태이기에 팔려고 하기 때문이다. 즉 모든 정보가 이미 반영된 주식은 상장 날 사는 게 아니고 팔아야 하는 것이다.

정보를 해석할 때는 세 가지 측면에서 검토해야 한다.

정보 해석 = 반영 여부 + 크기 + 기간

정보 반영 여부를 체크해야 한다

당신이 어떤 기업에 대한 호재를 들었다고 하자. 그것이 반영된 것인지 아닌지 어떻게 알 수 있을까? 네이버 같은 포털사이트에 들어가서 그 호재 뉴스가 인터넷으로 검색되는지를 확인해라! 만약 블로그나 투자카페에 그런 내용이 있거나 또 뉴스로 나와 있다면, 그것은 이미 주가에 반영되었을 가능성이 높다.

그다음 종목 게시판에 들어가서 확인해보라. 그리고 당신이 알고 있는 정보가 게시판에서 언급되고 있는지를 체크해보라. 만약 게시판에 언급되어 있다면, 정보가 어느 정도 노출되었다고 판단해야 한다. 인터넷에도 없고 종목 게시판에도 언급되지 않았다면, 그 정보를 가진 당신은 돈을 벌 가능성이 높다. 즉 주가가 오를 가능성이 높다는 것이다.

그러면 보유 종목이 증권사 매수 리포트에 나오면 좋은 걸까? 경우에 따라 다른데, 주가가 바닥권에서 나오면 좋은 신호다. 그러나 주가가 상당히 오른 시점에서 나온 매수 리포트는 나쁜 신호다. 당신이 매수한 종목이 증권사 리포트에 전혀 나오지 않는다면 좋은 징조다. 왜냐하면 아무도 그 종목에 대해서 관심을 갖지 않았는데 당신이 좋은 이유로 매수했기 때문이다. 피터 린치도 기업을 탐방하고 와서 마음에 들면 기관의 리포트가 있는지를 체크한다고 했다. 만약 기관의 리포트가 없다면 주가가 오를 가능성이 많기 때문이다.

호재 뉴스에 팔고 악재 뉴스에 사는 이유는 무엇일까? 뉴스로 나오는 순간 주가에 반영되어버리기 때문이다. 예를 들면 이익이 좋을 것으로 예상되는 기업의 실적이 발표되면 오히려 주가가 하락하는 경우가 많다. 이미 주가에 실적이 좋을 것이란 기대치가 반영되었기 때문이다. 삼성전자도 항상 호실적을 발표하면 주가가 하락하는 경우가 많았다. 물론 기대치보다 더 좋은 실적을 낸 경우는 어닝 서프라이즈*라고 해서 주가가 더 오른다. 또 실적이 나쁠 것으로 예상한 기업이 실제로 나쁜 실적을 발표하면 이후부터 주가는 오히려 오른다. 왜냐하면 이미 주가에 실적이 나쁜 뉴스가 다 반영되었기 때문이다.

정보의 크기를 추정해야 한다

정보가 주가를 얼마나 올릴 수 있는지, 또는 내릴 수 있는지를 잘 판단해야 한다. 내 경험으로 보면 'NEW(신)'가 들어가는 뉴스가 주

---

*어닝 서프라이즈

Earning Surprise. 기업의 영업 실적이 시장이 예상했던 것보다 높아 주가가 큰 폭으로 상승하는 것을 일컫는다.

가를 많이 오르게 한다. 주식은 새로운 것을 좋아한다. 과거에 있었던 일이 아닌 완전히 새로운 것일수록 주가는 더 많이 오르고 반응한다. 새로운 것일수록 사람들의 상상을 자극하고 정확한 규모를 측정하기 어렵기에 주가는 오버슈팅할 가능성이 높다. 예를 들면 신약개발, 신기술개발, 신시장진출(중국진출), 신사업진출 같은 호재 뉴스가 주가를 가장 많이 움직이게 한다. 정보가 주가를 얼마나 움직일 수 있는지 잘 판단해야 하는데, 이는 오랜 경험을 통해서 깨닫는 수밖에 없다.

정보가 얼마나 오랫동안 주가를 상승시킬지 판단해야 한다

주가를 오랫동안 상승시키는 정보는 기업의 실적도 상승시키는 경우가 많다. 실제로 기업의 매출과 이익이 늘어나는 정보는 오랫동안 주가를 상승시킨다. 이차전지 테마주도 기업의 이익이 늘어나자 주가 상승 기간이 오래 지속되었다. 5G 통신장비 역시 기업의 이익이 늘어나는 게 확인되자 주가 상승 기간이 오래 지속되었다.

반면 남북경협주나 황사테마주, 돼지독감주처럼 기업의 실적에 큰 영향을 주지 못하는 정보는 주가 상승이 '반짝'으로 끝나고, 다시 제자리로 돌아오는 경우가 많다. 결국 정보가 기업의 이익에 얼마나 영향을 미치는지, 그리고 그 정보가 시대 흐름에 맞닿아 있는지 판단해야 한다.

역정보를 조심하라! 뉴스를 의심하라!

특정 기업의 호재 뉴스가 뜬금없이 나오는 경우가 있다. 그런 뉴스를 보면 주식을 사야 할까? 도대체 이득을 얻는 사람은 누구일까? 미리 매집하여 놓고 팔려는 세력이 뉴스를 띄운 것은 아닌지 의심해봐야 한다. 특히 네임밸류가 떨어지는 인터넷 경제지에 특정 기업의 호재 뉴스가 단독으로 떴다면 의심해봐야 한다. 작전 세력이 주가를 띄워놓고 팔기 위해서 뉴스를 퍼트렸을 가능성이 있기 때문이다. 특히 호재가 자원개발, 광산개발과 같은 뉴스라면 조심해야 한다. 이들 뉴스는 빠른 시일 내 진위를 확인할 방법이 없기 때문이다.

주식투자의 고수들은 정보를 잘 분석하는 사람들이다. 그들은 오랫동안 이런 정보를 접하면서 어떻게 반응해야 할지 알고 잘 대응한 투자자들이다. 이런 경험은 자기만의 노하우를 터득해야 가능한 일이다.

증권사 리포트를 활용하는 법

증권사 리포트도 정보다. 이를 잘 활용하려면 기업분석 리포트보다는 산업 리포트를 보는 게 좋다. 산업을 전체적으로 조망할 수 있어 주식투자에 도움이 된다. 숲을 먼저 보고 그다음에 나무를 선택해야 주식투자에 성공할 확률이 높다. 개별 기업분석 리포트의 경우

매수, 홀딩, 매도 권유가 있는데 이것은 무시하는 게 좋다. 매수 리포트가 나왔다면, 앞서 언급한 대로 호재라기보다는 악재로 받아들이는 게 좋다. 정보가 주가에 이미 반영되어버렸기 때문이다.

정보를 해석하는 법

남들도 다 아는 정보를 가지고 수익을 내려고 하면 안 된다. 정보가 아직 반영이 안 되었다 하더라도, 그 정보의 크기와 기간을 나름대로 올바르게 추정할 수 있어야 한다. 포인트는 주가에 반영되지 않은 정보를 찾는 것인데, 어떻게 찾는 것일까? 그건 상상력으로 찾을 수도 있고, 직접 탐방하여 얻을 수도 있다.

상상력은 뉴스를 듣고, 그에 맞게 오를 수 있는 종목을 미리 예상하여 매수하는 방법이다. 이 방법을 사용하기 위해선 특정 뉴스에 따라 반응하는 종목을 평소 잘 파악해두어야 한다. 예를 들면 북한과의 관계가 개선되면 대북 테마주들이 오르게 되는데, 이때 시장에서 가장 인정받는 대북 테마주를 미리 알고 있어야 한다.

직접 탐방은 스스로 기업체를 방문하여 남모르게 정보를 얻는 방법이다. 실제로 기업 탐방을 많이 한 투자자일수록 수익률이 높다고 한다. 특히 사람들이 잘 방문하지 않는 기업을 탐방하여 호재를 알게 되었고, 애널리스트가 최근 그 기업에 대한 보고서를 쓴 적이 없다면 투자유망 주식이 되는 것이다.

제 6 장

당신은
투자자인가
매매자인가?

A GUIDE BY THE

STOCK
INVESTMENT
SPECIALIST

당신의 투자 정체성을
먼저 확인하라

자신이 투자자인지 매매자(투기자)인지 헷갈려 하는 사람이 많다. 당신은 투자자인가 매매자인가?

투자자는 워런 버핏처럼 투자하는 사람을 말한다. 그들이 주식을 샀다는 것은 기업의 일부 지분을 샀다는 것이다. 투자자는 공동사업자로 참여했다고 생각해서 기업의 장기성장에 관심을 갖는다. 투자자는 기업의 이익이 늘어나면 일부 지분을 가진 자신도 부자가 된다고 생각한다. 그래서 투자자는 주식을 장기로 보유한다.

케인스와 워런 버핏은 투자자로 큰돈을 벌었다. 그들은 중단기적으로 변덕스런 시장심리에 따른 주가 흐름을 전망한다는 것은 불가능하다고 인정하고, 대신 인간의 힘으로 파악할 수 있는 기업가치에 초점을 맞춰 장기투자에 성공했다.

매매자는 주식을 싸게 사서 비싸게 팔아 이익을 얻으면 된다고 생각하는 사람이다. 주가는 중단기적으로 실적과 무관하게 움직이고, 오히려 심리와 유동성에 큰 영향을 받는다. 따라서 매매자는 기업의 실적이 개선될 때까지 장기간 보유하려 하지 않는다. 3년 후에 2배 오를 것 같아도 다음 달, 다음 분기에 하락할 것 같으면 팔고서 더 낮은 가격에 사면 된다고 생각한다. 매매자는 장기적인 기업가치의 변화도 보지만, 더 중요한 것으로 중단기적 주가에 큰 영향을 미치는 심리와 단기 수요공급에 초점을 맞춘다.

투자자와 매매자는 투자법이 다르다 ———

다시 묻는다. 당신은 투자자인가 매매자인가? 아마도 십중팔구는 매매자일 것이다. 기업가치의 변화가 일어나기에 짧은 기간인 3개월 안에 주식을 사고파는 사람은 모두 매매자다. 시장에서 대주주를 제외한 90퍼센트 이상이 매매자일 것이다.

투자자와 매매자는 투자법이 다르다. 투자자라면 기업의 사업내용에 초점을 맞춰야 한다. 장기적으로 성장할 수 있는지 기업의 비즈니스 모델을 평가하고, 경쟁력을 갖추었는지 살펴보고, 또 경영자의 경영능력을 체크하며 투자 종목을 골라야 한다. 그리고 부동산 투자하듯이 그 기업에 3년 이상 10년간 투자한다. 기업가치에 근본적인 변화가 없다면 계속 보유하고, 더 좋은 기업을 발견한 경우에만 갈아타기 위한 목적으로 매매한다.

이런 방식의 투자자는 얼마나 될까? 처음에는 그런 방식으로 시작했다고 해도 경제위기나 급락장이 오면 팔고 도망가버리는 게 대다수 투자자다. 용기를 가지고, 스스로 독립적으로 행동할 수 있는 성격의 투자자는 드물다. 또 빨리 부자가 되려는 인간의 본능과도 맞지 않다. 그래서 워런 버핏의 투자법은 잘 알려져 있지만, 이를 실천하는 사람은 매우 드물다.

매매자는 주가의 장단기 흐름에 따라 사고파는 사람이다. 주가의 중단기 수급에 영향을 주는 것은 개별 종목의 인기와 시장 분위기다. 지난달에는 바이오주가 시세를 주도했고, 이번 달에는 이차전지가 장세를 주도했는데, 다음 달에는 어떤 테마주가 장세를 주도할지 예측하고 그에 맞추어 투자하는 것이 매매자의 행동이다. 따라서 매매자는 개별 종목의 시시각각 변화하는 인기와 추세를 체크하며 대응해야 한다. 또 뉴스가 주가변동에 어떤 영향을, 얼마나 주는지 잘 파악할 수 있는 능력을 갖춰야 한다. 호재 뉴스가 주가를 얼마나 상승시킬 수 있는지, 악재 뉴스는 얼마나 하락시킬 수 있는지 판단하는 능력이 중요하다.

투자자와 매매자는 매수 종목이 다르다

투자자와 매매자는 매수 종목 선정에서 차이가 많이 난다. 투자자는 우량주에 한하여 투자한다. 잡주들은 언제, 어떤 곤경에 처하게 될지 모르기 때문에 피한다. 장기적으로 전망이 밝고, 부채비율이 낮으며, 꾸준히 수익을 내면서 배당하는, 경영자의 능력이 좋은 기업에 투자한다.

매매자의 경우는 적자기업이나 부실기업도 투자한다. 중단기적으로 많이 오를 수 있는 인기종목이라면 부실기업도 상관하지 않는다. 기업의 실적은 3개월마다 발표되지만, 주가는 3개월 동안에 기업실적과 상관없이 인기에 따라서 급등락하기 때문에 반드시 우량종목으로 국한하여 매매하지 않는다. 조만간 상장이 폐지될 위험이 없고, 사서 더 비싸게 팔아넘길 수만 있다면 부실기업이라도 매매 대상이 되는 것이다.

매매 이유는 더 빨리 부자가 되고 싶기 때문이다. 그런데 주변을 살펴보면 대다수 매매자보다 투자자가 더 수익성이 좋았다는 통계가 많다. 매매회전율이 높을수록 투자수익률은 낮아진다는 통계는 거의 정설이다. 물론 예외적으로 큰돈을 버는 고수들도 분명히 존재한다. 그러나 그 수가 소수이기에 예외적이라고 하는 것이다.

투자와 매매 중 당신은 어떤 방식을 선택할 것인가? 돈을 많이 번 슈퍼개미들은 투자와 매매를 병행하는 경우가 많았다. 계좌를 두 개로 운영한다. 장기투자용 계좌와 단기 매매용 계좌로 분리하여 운용하는 것이다. 나는 좋은 방법이라고 생각한다.

인간은 매매욕구가 있다. 빨리 사고 또 빨리 팔고 싶은 욕구가 있다. 단기 매매용 계좌를 운용하면 그런 욕구를 충족시킬 수 있다. 단기매매 욕구가 충족되면 장기투자용 계좌에 손을 대지 않고 오래 투자할 수 있게 된다.

케인스와 함께하는
주식투자 결정의 기술

케인스의『고용, 이자, 화폐의 일반이론』을 직접 읽어본 사람은 많지 않다. 그러니 케인스의 주식투자법을 '미인대회 맞추기' 게임으로 오해하는 사람이 많을 수밖에 없다. 케인스의 주식투자에 대한 생각을 정확하게 짚고 넘어가자.

사람들은 주가를 어떻게 평가할까

케인스는 사람들이 주가를 관습적으로 평가한다고 보았다. 이 말은 무슨 뜻인가? 주가는 현재의 상태가 지속될 것이기에 안정적이며, 주가변동을 가져오는 요인은 새로운 미래 정보뿐이라는 이야기다. 즉 주가를 움직이는 요인은 미래 정보뿐이기에 새로운 정보가 없는 한 주가는 안정적으로 움직이게 되고, 그래서 투자자들은 주가 급락을 우려하지 않고 안심하고 투자할 수 있다는 것이다.

주가를 관습적으로 평가할 때 발생하는
3가지 왜곡 현상

케인스는 사람들이 관습적인 방식으로 주식투자를 하므로 주가가 적정가치를 나타내는 데 실패하고 왜곡되는 경우가 있다고 경고했다. 그 변수로 다음 세 가지 경우를 지적했는데, 이런 잘못된 주가변동을 이용하면 돈을 벌 수 있다는 것이 핵심이다.

첫째, 전문 지식이 없는 일반 투자자들의 참여가 늘어나고 있어 주가가 정확하게 평가되지 않는 경우가 있다. 케인스는 일반 투자자들이 기업에 대한 전문 지식과 미래 상황을 잘 모르기 때문에 주식 평가를 정확하게 하지 못할 가능성이 크다고 보았다. 그래서 일반 투자자의 무지로 인해 주가가 적정가격에서 벗어날 때가 바로 전문 투자자가 돈을 벌 수 있는 기회라고 본 것이다.

둘째, 장기적으로 기업의 실제 이익에 변동을 주지 않는 단기적 사건에도 주가는 크게 변동할 수 있다. 예를 들면 얼음회사는 겨울철보다 여름철에 주가가 더 비싸다. 케인스는 기업의 장기적 이익에 변동을 주지 않는 일시적 주가변동을 이용하면 돈을 벌 수 있다고 본 것이다.

셋째, 주가는 기업의 펀더멘털과 상관없이 여론이나 대중심리에 따라서 왜곡되는 경우가 있다고 지적했다. 즉, 주가가 무지한 대중들의 심리에 의해서 왜곡되는 경우가 있다는 것이다. 실제로 기업이익에 영향을 주지 않는 사건임에도 여론에 따라 주가가 급락할 수 있는데, 이때가 주식투자로 돈을 벌 수 있는 기회라는 것이다.

케인스는 이 세 가지 왜곡을 교정해주는 장기적 관점의 전문 투자자가 거의 없다고 말한다. 대신에 단기 매매자가 많다고 한다. 시장에 장기투자자는 드물고 단기 매매자가 많은 이런 현상을 케인스는 주식시장이 낳은 불가피한 결과라고 보았다. 왜냐하면 30달러 가치의 주식이라도 3개월 뒤에 20달러로 평가된다면, 지금 25달러를 주고 사는 것은 정신 나간 짓이기 때문이다.

단기투자자, 시장의 선호도가 더 중요하다 ————

전문 단기투자자의 주식투자법을 케인스는 게임과 비슷하다고 설명한다. 너무 빠르지도 느리지도 않게 "스냅!"이라고 외치는 사람이 이기는 스냅 게임, 게임이 끝나기 전에 옆 사람에게 올드메이드 카드를 넘기는 사람이 이기는 올드메이드 게임, 음악이 멈출 때 자기 의자를 확보한 사람이 이기는 뮤지컬체어 게임 등이 단기 주식투자와 비슷한 것들이다.

케인스의 주식투자법으로 가장 널리 알려진 비유가 '미인대회'다. 100장의 얼굴 사진을 제시하고, 그중에서 가장 예쁜 여섯 명의 사진을 골라내게 한 다음, 전체 참가자들의 평균적인 선호도에 가장 가까운 선택을 한 사람에게 상을 주는 대회다. 이 시합에서 이기기 위해서는 보기에 가장 예쁜 얼굴을 골라내기보다는 참가자들이 많이 선택할 것으로 보이는 얼굴을 골라내야 한다.

즉, 전문 단기투자자 입장에서는 자신의 견해보다 시장의 선호가 더 중요하다는 것이다. 미인대회에서의 미인 맞추기는 케인스가 단기투자자의 투자법을 설명하기 위해 예로 든 것이다. 케인스의 투자법은 단기가 아닌 장기투자법이다. 미인대회에서의 미인 맞추기를 케인스의 투자법이라고 하는 것은 『고용, 이자, 화폐의 일반이론』을 직접 읽지 않은 대중들의 오해다.

장기투자자는 왜 소수인가?

주식시장에 장기투자가 많지 않은 이유에 대해 케인스는 장기투자에 실패하면 단기투자보다 손실이 더 크기 때문이라고 한다. 거기에 장기 전망도 어렵다는 것이다.

장기투자를 하다 보면 대중이 어떻게 행동할 것인지 예측하는 것보다 훨씬 더 힘든 나날을 보내게 되고, 더 큰 위험을 감수해야 한다. 미래에 대한 무지와 시간을 극복하고 장기투자하려면 남보다 한 발 앞서 사고파는, 단기투자자보다 더 큰 재능이 필요하다.

인간의 본능은 결과를 빨리 보고 싶어하고, 빨리 부자가 되고 싶다는 열망에 사로잡혀 있는 데 반해 먼 훗날의 이득에 대해서는 막연함 그 자체다. 가까운 미래의 시장변동을 무시하고 장기투자하려면 더 많은 자금이 필요하다. 만약 돈을 빌려서 장기투자를 한다면 파산의 위험까지 커진다. 장기투자자가 언제나 소수인 이유다.

장기투자용 종목은 많은가?

케인스는 투자할 만한 사업이 많지 않다고 보았다. 장기적으로 수익을 낼 수 있는 투자할 만한 기업은 독점기업을 제외하고는 거의 없다는 것이다. 케인스는 창업이 냉정한 손익계산을 근거로 이루어지기보다 실제로는 인간의 본능인 유혹이나 충동에 따라 이루어지는 경우가 많다고 지적했다. 냉정하게 수학적으로 계산한다면 돈이 될 만한 사업이 그렇게 많지 않다는 것이다. 또 사업수익률을 따져보면 자연 자원의 독점과 착취를 제외한 나머지 사업수익률은 실망스러운 수준이라고 했다.

장기투자할 때 가장 중요한 것은 무엇인가?

케인스는 사업의 성패는 마치 제비뽑기처럼 운의 영향을 받지만 궁극적으로는 경영자의 능력과 품성에 달려 있다고 했다. 투자를 하려면 해당 기업의 경영자가 어떤 사람인지 알아야 한다는 얘기다.

케인스의 투자법

케인스는 단기투자보다 장기투자를 선호했다. 또 케인스는 기관투자자들은 철저히 관습을 따른다고 보았다. 기관투자자들이 관습을 따르는 이유는 관습에 따라 투자해서 실패하면 용서되지만, 관습을 따르지 않다가 실패하면 용서받지 못하기 때문이라고 했다. 그렇지만 케인스는 수익을 내려면 관습에서 벗어나 투자할 수 있어야 한다고 보았다. 또 케인스는 경영자를 중시했으며, 언제나 예상이익에 확률을 곱하여 얻어진 기대치를 기준으로 투자한다고 밝혔다. 이상과 같은 케인스의 투자법은 워런 버핏의 투자법과 매우 유사하다. 왜냐하면 워런 버핏이 케인스의 영향을 받았기 때문이다. 천재는 천재를 알아보는 법이다.

차트만 보고
돈을 벌 수 있을까?

주식투자 분석은 크게 펀더멘털과 차트로 나눌 수 있다. 차트 분석은 차트에 나타나는 패턴을 보고 이를 활용하여 투자하는 방법이다. 예를 들면, 주식시장이 이중바닥*을 보이면 주가가 바닥을 나타낸다고 보고, 헤드앤숄더* 모습이면 주가가 천장을 나타낸다고 해석한다.

또 단기 이동평균선이 장기 이동평균선을 상향 돌파하는 걸 골든크로스*라고 하는데, 이는 매수 타이밍이라고 본다. 반대로 하향 돌파하는 경우를 데드크로스*라고 하고, 이는 매도 타이밍이라고 본

---

*이중바닥

Double Bottom. 변곡점과 변곡점이 일치하는 구간을 말한다. 바닥이 두 개라는 뜻으로 쌍바닥이라고도 불린다.

*헤드앤숄더

Head & Shoulder. 하나의 기준선과 세 개의 봉우리, 머리와 양쪽 어깨로 구성되는 하락 전환 패턴을 가리킨다.

다. 이런 차트의 모습만으로 주식을 사야 할지 팔아야 할지 분석하는 법을 차트 분석이라고 한다.

차트 분석의 쓸모

증권TV 방송을 보면 주식 전문가라는 사람이 시청자가 가진 종목을 상담해주는 경우가 있는데, 차트만 보고 1, 2분 만에 보유해야 할지 팔아야 할지 결론을 내준다. 정말 쉽게 안내해주는데 실속이 없고 미덥지 않게 들린다. 전문가라는 사람이 주식투자로 진짜 돈을 벌었을까 하는 의심이 든다.

이런 나의 태도는 아마도 학교에서 먹은 먹물 탓이리라. 나는 대학원에서 재무관리를 전공했고, 졸업논문으로 주가 분석 모형을 썼다. 그래서 학계에서 차트 분석이 어느 위치에 있고, 어떤 취급을 받고 있는지 잘 알고 있다. 나는 학계의 영향 때문인지 차트 분석에 대

---

*골든크로스

Golden Cross. 주가를 기술적으로 분석하여 예측하는 지표의 하나. 단기 주가이동평균선이 중장기 이동평균선을 아래에서 위로 뚫고 올라가는 것을 말한다. 강세장으로 전환함을 나타내는 신호이다.

*데드크로스

Dead Cross. 주가의 단기 이동평균선이 중장기 이동평균선을 아래로 뚫는 현상을 가리킨다. 주식 시장이 약세로 접어들었다는 신호이다.

해 상당히 회의적인 시각을 가지고 있다.

전공 교수들, 특히 증권분석을 가르치는 교수들은 주식투자에 대해서 잘 안다. 그들이 강의 제목으로 주식투자법이라고 내걸고 가르치진 않지만, 현대증권이론이 바로 주식투자법이다. 그들은 직접 주식시장에 뛰어들어서 돈을 벌진 않지만, 나름 주식투자법에 대해서 학문적 일가견이 있다. 모든 교수가 황금 보기를 돌 보듯 하진 않는다. 일부는 직접 주식시장에 뛰어들어서 자신의 지적 능력을 증명하려 한다.

차트 패턴은 어떻게 검증할까?

1997년 노벨경제학상 수상자로 파생금융상품의 가치를 결정하는 모델을 고안한 로버트 머튼과 마이런 숄즈는 직접 롱텀캐피털매니지먼트(LTCM)란 운용사를 세우고, 자신들의 천재적 아이디어를 시장에서 실행하다가 파산한 것으로 유명하다. 또 2017년 노벨경제학상을 받고 『넛지』란 책으로 유명한 시카고대학의 리처드 탈러 교수는 현재 주식펀드를 운용 중에 있다.

전공 교수들은 누군가 주식시장에서 '돈 버는 비법'을 알아냈다고 자랑하거나 선전하면, 이를 검증하여 엉터리임을 밝혀내는 데 선수들이다. 차티스트들이 주장하는 차트 패턴도 전공 교수들의 공격적인 검증을 피할 수 없다. 많은 교수들이 그동안 차티스트들이

'돈 버는 비법'이라고 주장한 차트 패턴에 대해서 집중적으로 검증했다. 그래서 차트 패턴의 유용성을 검증한 논문이 많은 것이다.

그럼 과학적으로 검증한다는 건 무슨 말일까? 언제든 어디서든 누가 해도 같은 결과를 얻을 수 있어야 과학적으로 참이라고 할 수 있다. 차트 분석이 과학적으로 맞는다면, 언제든 어느 시장에서든 누가 하더라도 차트 분석법이 효과적이어야 한다는 말이다. 누구는 되고 누구는 안 되고, 또 언제는 되었다가 어느 때는 안 되고 하면 안 된다는 것이다.

신약 효과를 검증하는 이중맹검법

어떤 사람이 약초를 먹고 병이 나았다고 주장하더라도 의사들은 그 약초가 질병에 효과가 있다고 바로 단정하지 않는다. 의사들은 과학적으로 결론을 내리는 걸 직업적으로 훈련받은 전문가들이기 때문이다.

의사들은 어떤 약초가 질병에 효과가 있는지 없는지 알아보기 위해서 이중맹검법을 이용한 과학적 검증작업을 하게 된다. 이중맹검법이란 두 번씩이나 맹인이 되어서 검증한다는 것이다. 법을 심판하는 정의의 여신이 눈을 가린 채 저울질하는 걸 떠올리면 왜 맹인이 되어야 하는지 이해가 쉬울 것이다. 의사들은 테스트할 약을 먹는 그룹과 가짜 약을 먹는 그룹으로 나눈다. 임상에 참여하는 환자도 자신이 가짜 약을 받게 될지 진짜 약을 받게 될지 모른다. 의사도 자신이 주는 약이 가짜 약인지 진짜 약인지 모른다. 그래서 이중맹검이다. 이런 검증을 세 번의 임상을 통해서 통계적으로 의미 있는 결과가 나와야 약이 효과가 있다고 인정되는 것이다.

차트 분석법에 대한 과학적인 검증 ————

차트 분석법이 언제나 효과가 있는지 알아보기 위해서 학자들은 상당히 오랜 기간을 검증한다. 의사들이 위약에 비해서 효과가 있는지 알아보는 것처럼, 증권분석 교수들도 차트 투자법의 수익이 종합주가지수 상승보다 더 많은 수익을 냈는지 비교하여 효과를 따진다. 차트 분석법으로 돈을 벌었다고 해도 그냥 사두고 가만히 있었던 사람보다 더 많은 수익을 내지 못했다면, 그 차트 분석법은 효과가 없다는 말이기 때문이다. 여기에 매매 수수료까지 고려해서 실제로 차트 분석법이 돈을 버는 데 도움이 되는지를 검증하게 된다.

수많은 교수들이 이구동성으로 차트 분석법은 돈 버는 데 효과가 없다는 실증 자료를 내놓았다. 증권분석 교수들은 차트 분석법을 점성술이나 사주와 동급으로 간주했다. 어떤 투자자는 특정 시점의 특정 종목에 차트 분석법을 적용해 돈을 벌었다고 주장하지만, 오랜 기간 여러 종목에 차트 분석법을 적용하여 검증해보니 효과가 없는 것으로 드러났다. 그러니 차트 분석법이 효과가 있다는 투자자의 주장은 점성술이나 사주처럼, 예측을 계속 내놓다 보면 아주 가끔 맞추는 식이었던 것이다.

"돈 버는 데 효과적으로 쓸 만한 차트 패턴은 하나도 없었다"는 게 지금까지 학계의 정설이다. 나도 학창시절에 비싼 등록금을 내고서 얻은 결론은 "차트 분석법은 쓰레기통에 던져라!"다.

차트로 성공한 사람 손! ─────

주식투자로 큰돈을 번 거인들 중에 차트가 효과적이라고 말한 사람은 단 한 명도 없다. 케인스, 워런 버핏, 피터 린치, 존 템플턴, 필립 피셔, 벤저민 그레이엄 등 수많은 거인들의 책을 모두 읽어봤지만 차트 분석을 배워야 한다고 주장한 사람은 한 명도 없었다.

워런 버핏은 차트 분석에 대해서 "나는 벤저민 그레이엄을 만나지 않았다면 지금도 차트를 그리고 있었을 것이고, 한 푼도 벌지 못했을 것이다. 지금은 차트로 내일의 주가를 알려고 하지 않는다"라고 고백했다.

한편, 차트 투자법을 창시한 그랜빌(이동평균선의 개념을 최초로 도입), 엘리어트(주가변동을 예측하는 기법인 엘리어트 파동이론을 만든 주식 분석가), 그리고 차트를 많이 활용한 제시 리버모어 등은 끝이 좋지 않았다. 그랜빌은 처음에 몇 번 맞춰서 명성을 얻었지만 나중엔 완전히 엉터리 전망으로 몰락했고, 엘리어트도 병실에서 쓸쓸히 죽었고, 제시 리버모어는 권총 자살로 생을 마감했다.

앙드레 코스톨라니는 차티스트들에 대해서 불쌍한 사람들이라고 말했다. 헤진 낡은 셔츠를 입고 점심값을 아끼기 위해 도시락을 싸들고 와서 열정적으로 분석하지만 가난에서 벗어나지 못한 차티스트들만 보았고, 평생 동안 돈 번 차티스트를 본 적이 없다고 깎아내렸다. 그리고 이렇게 말했다.

나는 증권시장에서 차트 분석가로 성공했다는 사람을 단 한 명도 보지 못했다. 내가 아는 한 그들은 모두 망했다. 옛날 빈에서는 차티스트를 '젊어서는 주식투자자, 늙어서는 거지'라고 불렀다.

차트 분석법이 효과가 있을까?

미국에는 차트 패턴이 쓸모없다는 수많은 논문이 있지만, 한국의 주식시장에는 이를 검증한 논문이 많지 않다. 2014년 서울대 문병로 교수가 자신의 저서 『문병로 교수의 메트릭 스튜디오』에서 차트 패턴이 한국 주식시장에서 효과가 있는지를 검증해본 결과를 소개했다. 차트 패턴으로 소개된 그 효과에 대해서 살펴보자.

20일 이동평균선을 상향 돌파했을 때 매수하면 돈을 벌 수 있을까?

돈 못 번다. 시장평균보다 오히려 못하다. 그러나 조건이 하나 더 추가되면 효과가 있는 것으로 나타났다. 20일 이동평균선이 상승하고 있을 때, 주가가 20일 이동평균선을 상향 돌파하면 돈을 벌 수 있는 것으로 나타났다고 한다.

골든크로스 때 매수하면 돈을 벌 수 있을까?

구체적으로 20일 이동평균선이 60일 이동평균선을 상향 돌파할 때 사면 돈을 벌 수 있을까? 벌 수 없다. 그러나 개별 종목이 아닌 종합주가지수로 검증하면 효과가 있는 것으로 나타난다.

문병로 교수의 차트 패턴 검증 결과는 대다수 패턴이 효과가 없는 것으로 나타났고, 일부는 효과가 있는 것으로 나타났다고 한다. 그는 결론적으로 시중에 효과가 있다고 알려진 많은 차트 패턴이 사실은 효과가 없었다고 했다. 일부 패턴에서만 효과가 있는 것으로 나타났다고 했다. 그는 전체적인 차트 패턴에 대한 자신의 의견은 차트 패턴이 효과가 있다는 게 아니고, 오히려 차트 패턴을 맹목적으로 따르는 것을 경고하려 한다고 했다.

나는 문병로 교수가 효과가 있다고 언급한 차트 패턴조차도 신뢰하기 어렵다. 왜냐하면 그 검증 기간이 1999년부터 2012년까지 비교적 짧은 기간이었기 때문이다. 미국에서 오랜 기간 동안 검증한 수많은 논문자료에는 차트 패턴 중에 돈 버는 비법으로 확인된 것은 없다.

또 2000년 MIT대학의 앤드류 로 교수와 지앙 왕 교수, 그리고 예일 대학의 해리 마메이스키 조교수가 차트 분석에 대해서 조사, 연구한 논문이 있다. 1962년부터 1996년까지 34년 동안 미국증시에 거래되는 주식들을 대상으로 컴퓨터를 가지고 차티스트들이 이용하는 차트 패턴의 효과를 검증했다. 결과는 수수료를 제외해보니 아무런 실익이 없었던 것으로 드러났다.

그리고 1999년 미국 프린스턴대학의 버튼 멜키엘 교수(『시장 변화를 이기는 투자』의 저자)도 컴퓨터를 이용하여 차트 패턴이 효과가 있는지 검증했다. 5년간 뉴욕시장에서 거래되는 548개의 주식을 대상으로 대표적인 32개 차트 패턴의 지시대로 투자를 행하는 검증을 했다. 결과는 그냥 주식을 사서 보유했던 것보다 수익률이 더 나빴다. 몇몇 차트 패턴은 수수료를 감안하지 않는다면, 오히려 차트 패턴의 지시와 반대로 투자했을 때 더 많은 수익을 얻을 수 있다는 사실을 알려주었다.

사람들이 차트 패턴을 좋아하는 이유 ──────

사람들은 차트 패턴을 좋아한다. 왜 그럴까? 인간의 본능 때문이다. 무슨 말인가? 인간은 원래 무질서와 혼동을 싫어한다. 그래서 우연과 무질서 속에서도 규칙과 질서를 찾아냈다고 착각하곤 한다.

예를 들어보자. 우리는 밤하늘에 그냥 흩어져 있는 별도 선을 그어 이으며 그림을 찾아낸다. 그게 별자리다. 가끔은 눈 내리는 들판 사진을 찍었는데 신기하게도 예수님의 얼굴이 찍혔다고 신기해한다. 영적인 현상일까? 내 생각엔 그냥 우연일 뿐이다. 그건 하늘에 떠다니는 구름에서 토끼나 나비를 보았다고 말하는 것과 같다.

실제로 이를 증명하는 실험이 있었다. 1950년 시카고대학의 해리 로버츠 교수는 컴퓨터를 이용해서 무작위로 숫자를 뽑아낸 다음, 이를 차트로 만들었다. 그랬더니 차티스트들이 사용하는 주식 차트 패턴과 비슷한 것이 나타났다. 그런데 차티스트도 컴퓨터가 우연히 만든 차트와 실제 주식 차트를 구분하지 못한 것이다. 또 다른 실험에서는 동전 던지기를 해서 앞면이 나오면 상승, 뒷면이 나오면 하락하는 규칙으로 차트를 그려서 차티스트에게 보여주었더니 상승 패턴이라고 말했다고 한다.

우습지 않은가? 이처럼 인간은 우연을 필연으로 착각하기 쉬운 존재다. 인간의 본능 때문에 차트는 세월이 지나도 여전히 주식투자자로부터 인기를 끌 것이다. 마치 사주와 점성술이 사라지지 않는 것처럼 말이다.

차트를 어떻게 활용할까?

이쯤 되면 나를 차트 무용론자라고 생각할 것이다. 그러나 나는 그렇지 않다. 나는 차트가 보조도구로서 쓸모가 있다고, 생각이 조금 바뀌었다. 왜 바뀌었냐고?

그래서 이야기해보려 한다. 나는 절대로 차트에 의존해서 투자하지 않는다. 그런 면에서 나를 차티스트라고는 결코 말할 수 없다. 오히려 여전히 차트에 대해 회의적인 시각을 가지고 있다. 그러나 나는 차트 분석을 펀더멘털 분석과 병행하면 투자에 도움이 되고, 투자 성공 확률을 높일 수 있다는 것을 경험을 통해 알게 되었다.

내 말이 이해되지 않는가? 그럼 더 구체적인 예를 들어보겠다.

A와 B사는 둘 다 삼성전자에 부품을 납품하는 하청회사이며 경쟁사다. 그런데 어느 날 A사의 주식 거래량이 늘어나고 주가가 오르는 반면, B사는 주가가 약세를 보인 것이다. 아직까지 아무런 뉴스도 나오지 않았다. 그러나 나는 A사가 삼성전자에 신규 제품군을 납품하게 된 것을 직감적으로 알아차리고 A사의 주식을 추격 매수했다. 그 결과 나는 돈을 벌었다. 나중에서야 A사가 삼성전자의 납품회사로 선정되었다는 뉴스를 확인할 수 있었다.

이런 면에서 차트가 특정 기업에 어떤 일이 발생했는지 추측하는 데 도움을 줄 수 있다.

차트와 상상력이 결합되면 불확실성 속에서 투자 관련 의사결정을 내리는 데 도움이 되는 경우가 종종 있다.

펀더멘털 분석과 상상력, 차트는 그저 도울 뿐 ————

차트상 바닥권에서 대량의 거래가 있으면, 그것은 기업에 좋은 일이 발생했을 가능성이 높다. 그럴 때면 나는 무슨 일인지 추측해보고 투자하는 경우가 가끔 있다. 예를 들면, 2020년 한국공항의 바닥권에서 비교적 큰 거래량이 이루어졌다. 나는 바로 추격 매수했다. 자금난에 몰린 대주주 대한항공이 계열사 한국공항을 처분하려고 하는 것은 아닐까 추측했기 때문이다. 주가는 이후에도 계속 올랐고 제법 수익을 냈다. 그리고 한참 뒤에 한국공항 처분에 대한 루머가 나돌기 시작했다. 돈을 벌려면 이렇게 차트 움직임을 보고, 상상력을 바탕으로 민첩하게 움직여야 한다.

나는 내가 사용하는 차트 활용법을 과학적으로 검증해본 적은 없다. 검증하기도 어렵다. 왜냐하면 차트 하나만 보고 의사결정을 하는 게 아니고, 펀더멘털상의 이유를 추측하고 이를 바탕으로 투자하기 때문이다. 차트는 똑같아도, 나는 그때그때 펀더멘털상의 추측 근거로 다른 결정을 내린다.

한국 주식시장에는 약 2,300개의 종목이 있다. 이들 종목을 전부 관찰하기란 불가능하다. 그래서 고수들은 차트에서 이상 징후를 보이는 종목을 먼저 선별한다. 구체적으로 예를 들면 나는 거래량이 급증하거나, 주가가 갑자기 큰 폭으로 오른 종목을 자동검색기를 이용하여 검색한다. 그리고 그것들을 대상으로 투자 종목을 고른다. 즉 차트를 이용해서 조사할 종목의 범위를 줄이는 것이다. 나는 유망 투자 종목을 빨리 찾기 위해서 차트를 활용한다.

차트 하나만 보고 투자하면 절대 안 된다. 널리 알려진 차트로 어떻게 돈을 벌 수 있단 말인가? 남 따라 하면 절대 돈 벌 수 없다. 수많은 논문이 증명하고 있다. 그러니 펀더멘털 분석과 상상력 위에서 차트는 보조도구로 활용하는 것이 현명하다. 당신만의 차트 활용법을 찾기 바란다.

차트 분석을 보조도구로
활용하는 실전 팁

차트 분석을 보조도구로 활용해서 돈 버는 데 몇 가지 팁을 살펴보자. 여기서 차트 활용법은 주로 중단기투자 시에 사용된다는 점을 미리 밝혀둔다.

바닥권에서 거래량이 급증하는 종목을 주시하라

평소 일정한 거래량을 보이던 주식이 어느 날 갑자기 급증한다면, 주가도 큰 폭으로 변할 가능성이 높다고 해석한다. 특히 바닥권에서 거래량이 급증하면 향후 주가 상승 가능성이 높다. 따라서 이러한 종목을 분석 대상으로 좁혀서 투자하면 성공확률을 높일 수 있다.

반대로 천장에서 거래가 대량으로 이루어지면 주가가 하락할 가능성이 높다. 주가가 장대음봉을 만들면서 대량 거래가 발생하면 시세 상승이 끝나며 향후 계속 하락할 가능성이 높다.

OBV 지표가 상승하는 종목을 주시하라

OBV[*] 지표를 알면 차트를 활용하는 데 도움이 된다.

OBV = 상승한 날 거래량 – 하락한 날 거래량

OBV는 거래량의 누적 합계인데 상승한 날의 거래량은 더하고 하락한 날의 거래량은 빼서 구하게 된다. OBV가 상승한다는 것은 누군가 주식을 매집하고 있다는 의미이고, 반대로 OBV가 하락한다는 것은 누군가 주식을 매도하고 있다는 뜻이다. 따라서 OBV가 꾸준히 증가하고 있는 종목에서 주가가 상승하는 경우가 대부분이다.

주가와 OBV의 움직임이 다르게 나타나면 어떻게 해석해야 할까?

첫째, 주가가 하락함에도 불구하고 OBV선이 많이 떨어지지 않는다는 것은 세력의 주식 매집 활동이 진행되고 있음을 의미하며 주가가 다시 회복, 상승할 가능성이 높다는 것이다.

둘째, 주가가 상승하는데도 불구하고 OBV선이 추가 상승하지 못하고 이전의 고점 아래에 머물러 있으면 세력이 주가 상승을 틈타서 보유 주식을 처분하고 있으며, 조만간 주가가 하락세로 전환될 것으로 해석한다. 대량으로 이루어지면, 이는 새로운 사건이 발

*OBV

On Balance Volume. 그랜빌(J. E. Granville)이 개발한 거래량 지표이다.

생했다는 것이다. 그리고 바닥권에서 대량으로 이루어졌다는 것은 주가가 올라갈 가능성이 높다는 뜻이다.

셋째, 거래량 매물벽을 확인하면 주가의 저항대를 파악할 수 있다! 주가별 거래량을 확인해야 한다. 거래량이 많았던 매물대에 주가가 부딪히면, 이를 돌파하는 데 힘이 든다. 매물벽을 돌파하고 나면 주가는 쉽게 상승한다. 따라서 주요 매물벽을 확인하는 게 필요하다. 전고점을 돌파한 주가는 매물 압박이 없기 때문에 상승 가능성이 더 높아진다.

넷째, 주가가 진실을 말한다. 회사의 발표와 주가의 움직임이 다르다면 어떤 게 진실일까? 항상 그런 것은 아니지만 주가가 진실을 말해주는 경우가 많다. 주식시장은 대체로 효율적이며 아주 가끔 비효율적이다. 이 말은 주가가 진실을 제대로 반영하는 경우가 많다는 뜻이다. 따라서 기업의 경영진이 회사에 아무런 문제가 없다고 하는데도 주가가 슬금슬금 하락한다면 기업에 대해 알려지지 않은 악재가 있다고 간주해야 하며, 반대로 기업에서는 별다른 호재가 없다고 부인하지만 주가가 슬금슬금 오른다면 기업에 대해 드러나지 않은 호재가 있다고 간주하고 투자하는 게 확률적으로 유리하다. "주가는 주가에게 물어보라"는 격언은 그렇게 나온 말이다.

성공 가능성을 높여주는
차트 활용법

나는 세상을 좀 쉽게 사는 노력 절약형에 가깝다. 나는 무턱대고 노력한다고 해서 그것이 반드시 성공과 보상으로 이어지지는 않는다고 생각했다. 그래서 언제나 전략적 사고로 노력을 절약하면서 사는 것이 낫다고 생각했다.

투자에 대한 접근방식도 그렇다. 원리를 먼저 깨닫고 나서 그것을 투자에 적용하는 것이다. 나는 자연스럽게 펀더멘털 분석을 중요시했고 차트 분석에 대해서는 의구심을 갖고 등한시했다. 전공 교수들과 워런 버핏 같은 대가들도 차트 분석이 점성술 같다고 주장했기 때문이다.

그런데 오랜 세월 시장을 경험하면서 내 생각에도 변화가 일었다. 지금까지 밝혀낸 투자 원리는 일부에 불과하고, 여전히 시장의 비밀이 많이 남아 있을 것이란 생각이 들었기 때문이다.

장기투자 방식의 한계를 보완해주는 차트 활용법 ───

나는 워런 버핏의 장기투자 방식이 적어도 한국 주식시장의 개별 종목에서는 좋은 방법이 아닐 수도 있다는 생각이 든다.

그 예로 은행주는 매년 꾸준히 이익을 내고 있지만, 주가는 10년 전 수준 아래에 머물고 있다. 그뿐만이 아니다. 증권주, 철강주, 건설주, 자동차주도 모두 그렇다. 그 외에도 많은 종목들이 10년 전 수준보다 주가가 낮다. 결국 무조건 장기투자가 능사가 아니라는 것이다. 나는 장기보유 원칙은 인덱스에만 유효하고, 개별 업종이나 종목에는 맞지 않다는 것을 깨닫게 되었다.

그렇다면 엉뚱한 종목에 투자해서 10년을 허비하는 실수를 피하려면 어떻게 해야 할까? 이럴 때 유용한 도구가 차트라는 것이다. 물론 객관적으로 검증되지 않은 주장이다. 그러니 당연히 100퍼센트 맞는 것은 아니다. 다만 성공 가능성을 높여주는 것만은 분명하다. 다음 네 가지다.

120일 이동평균선이 하향하는 것에는 투자하지 않는다

가장 많이 사용되는 이동평균선이 5일, 20일, 60일, 120일이다. 이 중에서 120일 이동평균선이 하향하고 있는 종목에 투자하지 않으면 앞서 장기투자 실패의 예로 든 은행주, 건설주, 철강주, 자동차주를 피할 수 있다. 120일 이동평균선이 상향하는 종목에만 투자해야 한다.

120일 이동평균선을 상향 돌파할 때가 최고의 매수 타이밍이다

120일 이동평균선을 상향 돌파하고 난 뒤 한 번은 눌림목*을 주는데, 이때가 또 다른 매수 타이밍이다. 만약 주가가 다시 120일 이동평균선을 하향 돌파하면 손절매를 해야 한다.

업종지수가 상승하는 종목에 투자하는 게 좋다

상승 업종을 먼저 고른 다음, 그 안에서 종목을 선택하는 게 좋다. 업종지수는 하락하지만 예외적으로 상승하는 종목이 있을 수도 있다. 하지만 그런 경우는 거의 없다. 이것은 나무보다 숲을 보고 투자하는 방식이며, 실패할 가능성을 낮추고 성공할 확률을 높일 수 있다. 그리고 업종 내 대장주를 매수하는 게 가장 좋다. 대장주가 가장 많이 오르기 때문이다.

저항 매물벽이 없을수록 주가는 상승하기 좋다

위에서 언급한 내용을 그림으로 표시하면 다음과 같다.

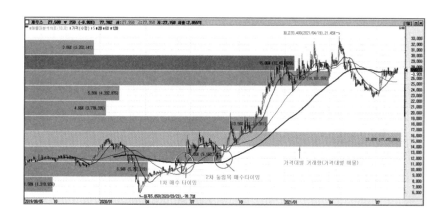

이것은 제우스라는 종목인데, 나는 1차 매수 타이밍과 눌림목 매수 타이밍에 사서 현재(2021년 6월) 수익률이 100퍼센트인 상태다. 이 종목을 계속 보유하고 있는 이유는 현재 가격대 이상의 매물이 없어 주가가 더 오를 가능성이 높다고 보기 때문이다. 물론 그런 판단을 차트만 보고 하는 것은 아니다. 회사의 펀더멘털에 대한 분석을 기본적으로 하고 있기 때문에 흔들림 없이 보유할 수 있다.

이 회사는 반도체 세정장비를 만들고 있는데, 삼성전자에 납품하고 있고 최근 공장을 증설했다. 공장증설은 투자 타이밍이다. 설비투자가 실제 이익으로 드러날 때가 주식을 팔기 좋은 타이밍이다. 아직은 그때가 아니어서 난 더 기다리고 있다.

---

*눌림목
상승 추세에 있던 주가가 수급 등의 요인으로 인해 일시적으로 하락세를 보이는 것을 말한다.

왕초보가
저평가 종목 찾는 법

케인스는 다수가 좋다고 하는 종목을 싸게 살 수는 없다고 했다. 즉, 싼 종목은 언제나 비인기주이고 소외주에 있다. 그래서 돈이 되는 포인트는 저평가된 소외주를 찾는 데 있다. 소외주는 어떻게 찾아야 할까?

소외주의 특징

거래량이 없는 기업

인기가 없는 경우 거래량이 적다. 거래량이 적을 때 사서 많을 때 팔아야 한다.

증권사 애널리스트가 관심을 두지 않는 기업

증권사 애널리스트가 관심을 갖지도 않고 분석도 하지 않는 기업이다. 이런 경우 저평가로 머물 가능성이 있다. 반대로 증권사 애널리스트가 많이 추천하고 분석하는 기업은 저평가될 가능성이 매우 낮다.

투자를 꺼리는 기업

장례식업, 술, 담배, 무기, 유독폐기물과 쓰레기처리 기업 등이 의외로 장기투자 성과가 좋다. 피터 린치는 상조회사 서비스 코퍼레이션 인터내셔널에 투자해서 10배 수익을 거두었고, 쓰레기처리 업체인 웨이스트 매니저먼트에 투자해서 100배 수익을 거두었다. 이런 현상이 발생하는 이유는 비윤리적인 기업에 투자하지 못하게 하는 기관투자자가 있고, 또 무엇보다 투자자들이 꺼림칙하게 생각해서 투자를 꺼리기 때문이다. 감정이 진입장벽 역할을 한다고 볼 수 있다.

일시적으로 주가가 폭락한 경우

이번 코로나 바이러스 사태로 항공주, 호텔주, 카지노주, 여행주 등의 주가가 많이 하락했다. 이때가 싸게 살 수 있는 매수 찬스다. 결국엔 코로나 바이러스를 극복하게 될 것이기 때문이다. 주식을 산다면 부채비율을 체크하고, 시련을 이겨내고 살아남을 수 있는 기업을 선택해야 한다. 재무구조가 나쁜 기업이 도태되고 나면 이후에는 높은 수익성을 기대할 수 있다.

턴어라운드 업종에 속한 종목

경기 사이클이 불황에 바닥을 치고 회복하는 업종이면 저평가된 경우가 많다. 그런데 경기 사이클이 바닥을 친 것을 확인하는 것은 매우 어렵다. 성급하게 잘못 매수하면 손해를 보기 쉽기 때문에 남보다 빨리 턴어라운드 조짐을 포착하고 투자하는 게 관건이다. 피터 린치는 사우스웨스트 항공주와 크라이슬러 자동차주에 투자해서 몇 십 배의 수익을 거두었다. 턴어라운드 주식은 위험도가 높은 만큼 성공하면 최고의 수익률을 가져다준다.

분사기업

기업이 쪼개지면 대부분이 쪼개기 전보다 주가가 오른다. 따라서 대기업에서 어떤 사업부분이 분사한다고 하면 이는 호재다. 그런 경우 주식을 사면 수익을 거둘 수 있다. 외국이나 한국도 마찬가지다. 분사 때 독립할 수 있는 여건이 충분히 마련된 경우가 많고, 분사한 회사는 전문분야에 집중해 경영함으로써 주식시장에서 과거보다 더 높은 평가를 받기 때문이다. 미국의 경우 AT&T에서 분사한 7개 회사의 수익률이 시장지수 대비 2배로 올랐다고 한다.

내부자 매수 종목

기업 오너나 경영진의 자기주식 매수는 저평가의 신호다. 매수 규모가 크고 횟수가 많을수록 신뢰도는 높다. 자사주 매입도 긍정적인 신호이지만 오너와 경영진의 매수만큼 신뢰도가 높지는 않다.

우량기업 주식을 사면
돈 벌 수 있을까?

주식투자는 경마와 비슷하다. 가장 잘 달릴 말을 고른다고 해서 돈 버는 게 아니다. 배당률을 봐야 한다. 가장 빠른 말에 적중했다고 해도 모든 사람이 그 말이 우승할 것이라고 예상한 경우 배당률이 떨어져서 수익은 미미하다. 그렇기 때문에 경마에서 돈을 벌려면 적정배당률보다 형편없이 낮게 평가된 말에 거는 게 투자수익률을 올리는 것이다.

정보를 얻게 되면 확인해야 할 2가지

많은 사람들이 좋은 기업의 주식을 사면 돈을 벌 수 있다고 막연하게 생각한다. 그래서 매출과 이익이 늘어난, 전망이 좋은 기업의 주식을 산다. 그러나 그렇게 투자하고도 돈을 벌지 못하는 경우가 왕왕 있다. 왜 그럴까? 모두가 좋다고 하는 주식, 즉 좋은 정보가 노출되어 있는 기업의 주가가 비싸기 때문이다. 다수가 좋다고 평가한 기업의 주가는 이미 정보가 충분히 반영되어 있으므로, 여기에 투자해서 돈을 벌 확률과 기댓값은 낮다.

돈을 벌려면 어떻게 투자해야 할까? 좋은 기업의 주식을 사되, 그 기업의 가치를 다른 사람들이 적정가치보다 낮게 평가할 때 사야 한다. 즉 시장에서 남들이 보지 못한, 남들에게 알려지지 않은 더 좋은 정보를 먼저 찾아낼 수 있어야 한다. 만약 당신이 어떤 종목에 투자할 때 관련 정보를 얻었다면, 그 정보가 시장에 알려진 것인지 당신만 아는 정보인지 먼저 확인해야 한다.

당신이 정보를 근거로 주식투자를 한다면, 다음과 같은 질문을 스스로에게 해야 한다.

1. 그것은 시장에 알려진 정보인가?
2. 주가에는 얼마나 반영돼 있는가?

정보가 주가에 반영되지 않았을 때만 투자로 초과수익을 얻을 수 있다는 점을 명심해야 한다.

주가는 기업의 실적에 따라 오르내리는 것이 아니다

주가는 기업의 실적에 의해 오르내리는 것이 아니다. 무슨 말일까?

기업의 실적이 나빠도 주가가 오르는 일은 매우 흔하다. 왜 그럴까? 2020년, 월트디즈니는 40년 만에 첫 손실을 보았다. 그러나 주가는 급등했다. 어떻게 이런 일이 발생했을까? 우려했던 손실의 폭이 예상보다 작았기 때문이다. 여기서 우리가 배워야 할 것은 무엇일까? 바로 주가는 갭(차이)에 따라 움직인다는 것이다. 예상치와 실제 갭에 따라 움직이는 것이다. 그래서 다음 공식이 성립된다.

갭 = 실제 - 예상치

갭이 플러스일 때만 주가가 상승한다. 실적이 좋을 것으로 예상한 기업이 그에 부합하는 좋은 실적을 발표하면, 주가가 오히려 하락하는 경우가 많다. 실적이 이미 주가에 반영되었기 때문이다. 한편 실적이 좋을 것으로 예상한 기업이 더 좋은 실적을 내놓았을 때 주가는 상승한다. 만약 실적이 좋을 것으로 예상한 기업이 그에 못 미치는 실적을 내놓는다면, 좋은 실적이어도 주가는 하락한다.

반대로 실적이 악화될 것으로 예상한 기업이 그에 부합하는 실적을 발표했을 때, 주가가 오르는 경우가 많다. 악재가 이미 반영되었다고 보기 때문이다. 실적이 악화되리라고 예상한 기업의 실제 실적이 생각보다 나쁘지 않으면 주가는 오히려 오른다.

이처럼 주가는 실적이 좋고 나쁨에 따라 오르내리는 게 아니다. 주가는 언제나 예상치와 실제 갭에 따라서 움직인다. 이것이 내가 말하는 갭이론이다. 갭이론을 잘 이해해야 주식투자에서 성공할 수 있다.

가치주와 성장주는 어느 때 유리한가?

가치주와 성장주는 언제 유리할까? 정해진 공식은 없다. 지난 10년간은 성장주가 더 많이 올랐다. 당시 글로벌 경제성장은 매우 둔화된 저성장기였다. 그래서 성장주가 드물었다. 이 시기에는 성장주가 많이 올랐다. 반면에 경기가 본격적으로 회복되면 가치주가 더 많이 오르는 경향이 있다. 따라서 지금 경기가 어느 시점인지를 파악하는 게 중요하다.

경기가 부진할 때는 리스크 때문에 대기업이 선호되나, 경기가 회복되는 국면에서는 중소형주가 더 많이 오른다.

순간의 파도가 아니라
항해 전반을 보라

17세기 초 네덜란드 사람들은 해상무역을 통해서 많은 돈을 벌 수 있었다. 그들은 면직물을 싣고 가서 아시아에 팔고, 그 지역의 비단, 차, 도자기 그리고 후추, 커피, 사탕수수, 향신료를 수입해 유럽에 되팔며 막대한 부를 얻을 수 있었다. 이런 상황에서 주식은 언제부터 어떻게 시작되었을까?

네덜란드에서 주식시장이 기원한 이유

17세기 초 해상무역은 자금이 많이 들고 매우 위험한 사업이었다. 우선 큰 배를 만들어야 했고 선원도 모집해야 했다. 또 항해 경험이 많은 선장이 필요했다. 물론 행운도 따라야 했다. 왜냐하면 당시 선박은 몇 년에 걸쳐, 거친 대양을 항해하기에 안전하지 못했기 때문이다. 태풍을 만나면 암초에 부딪혀서 배가 침몰할 수도 있었고, 해

적선을 만나서 귀중한 화물을 빼앗길 수도 있었고, 선상 반란이 일어나서 배를 빼앗길 수도 있었고, 선장이 이익금을 가지고 도주할 수도 있었다.

게다가 항해 중에 인명 사고라도 나면 사업주는 재산상의 손실뿐만 아니라 민형사상 책임까지 무한대의 책임을 져야 했다. 이렇게 해상무역은 위험이 너무 컸기 때문에 누구도 섣불리 시도할 수가 없었다. 그래서 이런 모험사업의 위험을 줄이기 위해서 탄생한 것이 주식회사였다. 주식회사는 투자한 만큼만 책임지면 되는 것이었다. 여러 사람이 돈을 모아 배도 만들고, 선원도 모집하고, 무역을 해서 수익을 나눠가지는 게 주식회사였다. 주식회사는 최악의 상황이어도 자신이 투자한 돈만 날리고 더 이상 책임을 지지 않아도 되는 장점이 있었다. 책임을 제한하는 유한회사의 한 형태가 바로 주식회사다.

주식회사의 발명으로 네덜란드인은 위험한 해상무역 사업을 추진할 수 있게 되었고, 큰 부를 얻을 수 있었다. 또 작은 돈을 가진 사람도 해상무역에 참여해 이익을 나눠가질 수 있게 되었다. 주식을 사서 해상무역에 투자한 사람은 무역선이 무사히 항해를 마치고 돌아오면 그 이익을 배분받을 수 있었다. 한편 주식을 산 사람은 무역선이 돌아와 이익을 배분하기 전에 그 지분을 사고팔 수 있는 주식유통시장이 생겨서, 누구라도 쉽게 거래할 수 있게 되었다. 이것이 네덜란드 암스테르담에서 주식시장이 기원한 이유이다.

항해 전반을 볼 것인가 순간의 파도를 볼 것인가?

주식투자자가 수익을 얻으려면 최소한 무역선이 항해를 마칠 때까지는 기다려야 한다. 항해는 다양한 사업 중의 한 형태이다. 즉 기업이 추진하는 사업이 수익을 내려면 시간이 필요하다는 것이다.

그러나 대부분의 투자자들은 무역선의 수익에 집중하기보다는 당장의 투자지분 가치의 변동성을 이용하여 사고팔면서 이익을 얻으려 한다. 그들은 주식을 사자마자 한두 달 내로 주가가 올라야 한다고 생각한다. 물론 단기간에도 주가는 움직인다. 하지만 이것은 사업의 본질적 가치의 변동이 아닌 투자자의 심리 때문이다. 이러한 주가변동을 맞추기란 쉬운 일이 아니다. 그러나 대다수 투자자들은 단기변동에서 이익을 취하려고 한다.

반대로, 소수이지만 워런 버핏 같은 투자자들은 배와 선원 그리고 어떤 항해인지에 주목하면서 장기투자를 한다. 이들은 배가 얼마나 튼튼한지(재무구조와 부채비율), 선장과 선원은 유능한지(경영진의 능력), 그리고 무역선이 어떤 물건을 거래하는지(비즈니스 모델과 사업 수익성)를 따져가며 집중적으로 투자한다. 장기투자자들은 시장의 변동성이 커서 가치와 가격 간의 괴리가 클 때 싸게 사서 장기보유하는 방식으로 투자한다. 예로 코로나 사태로 주가가 급락했을 때가 주식을 싸게 살 수 있는 절호의 기회였다.

대부분의 투자자들은 언제 폭풍이 몰려올지, 바다가 잔잔해질지 전망하며 그에 따라 투자한 지분가치가 오르내리는 단기변동을 이용하여 돈을 벌려고 한다. 짧은 파도의 흐름을 타려는 것이다.

단기투자이든 장기투자이든 둘 다 돈을 벌 수 있다. 자신에게 맞는 투자법을 찾으면 되는 것이다. 주변에 큰돈을 번 사람들 중에는 장기투자자가 많다. 또 돈을 많이 번 투자자들 중에는 단기투자와 장기투자를 병행하는 사람들이 많다. 과거 네덜란드의 해상무역과 주식시장의 기원을 생각해보면 주식투자의 본질에 한 발 더 가까이 다가갈 수 있을 것이다.

벤저민 그레이엄의
주식투자법

벤저민 그레이엄은 주식을 싸게 사는 기준으로 세 가지를 제시했다.

주식을 싸게 사는 3가지 기준

자산 기준으로 싸면 사라

'자산 기준으로 싸면 사라'는 말은 저PBR 주식을 사라는 의미다. 좀 더 구체적으로 순유동자산 기준을 제시했다. 시가총액이 순유동자산보다 싸면 사라는 것이다. (정확히 말하면 벤저민 그레이엄은 시가총액이 순유동자산의 3분의 2 이하인 경우에 사라고 했다.)

순유동자산은 유동자산에서 유동부채를 차감한 것이다. 이 의미는 기업이 보유하고 있어 당장 현금화할 수 있는 자산, 예를 들면 현금, 예적금, 금융상품, 재고자산 등의 자산에서 1년 안에 갚아야 할 유동부채를 차감한 것을 말한다. 즉 현재 기업이 가지고 있는 현금성 순자산보다 시가총액이 싸면 그 기업의 주식은 싸다는 것이다. 요즘 이 기준에 맞는 주식은 없다.

수익성 기준으로 싸면 사라

저PER주에 투자하라! 구체적으로 PER의 역수가 우량 채권수익률의 2배되는 주식을 사라!

PER의 역수는 무엇인가? 주가수익률을 말한다. 예를 들어 PER이 5라면 이것의 역수는 5분의 1이고 주가수익률이 20퍼센트라는 뜻이다. 쉽게 말하면 PER 5에 투자한 투자자는 연간 20퍼센트의 수익을 기대할 수 있다는 뜻이다. 요즘은 저금리 시대라서 우량기업의 채권수익률은 3퍼센트 이하일 것이다. 이것의 2배이면 6퍼센트다. PER의 역수가 6퍼센트이면 PER은 16.6이다. 즉 PER이 16.6 이하인 경우에만 투자하라는 뜻이다. 그렇지만 이 기준은 요즘의 저금리 상황에선 맞지 않다. 좀 더 엄격한 기준을 적용해야 한다.

배당수익률이 좋은 주식을 사라

배당수익률이 우량 채권수익률의 3분의 2 이상 되는 주식을 사라! 즉 우량 채권수익률이 3퍼센트면 배당수익율이 적어도 2퍼센트 이상 되는 주식을 사라는 것이다.

벤저민 그레이엄의 기준에 부합하는 싼 종목의 예시 ————

'순유동자산보다 시가총액이 낮은 종목에 투자하라!'는 기준에 부합되는 종목이 있을까? 예를 들면(절대로 추천주는 아니다!) 2020년 11월 20일자 한국공항의 시가총액은 1,190억 원이었다. 1,190억 원이 있으면 이 회사 전체를 살 수 있다는 얘기다.

한국공항의 유동자산에서 유동부채를 빼면 순유동자산을 얻을 수 있는데, 순유동자산이 1,394억 원으로 나온다. 순유동자산이 시가총액을 넘는다는 것이다. 이 말은 무슨 뜻인가? 회사가 보유한 현금성 자산만 해도 1,394억 원인데, 회사 가치가 이보다 낮으니 회사 주인이라면 그 가격에 회사를 팔겠냐는 것이다. 사실 이런 현상은 믿을 수 없는 것이다. 그럼 주가가 왜 이렇게 하락했을까? 그것은 회사가 시장에서 소외되었기 때문이다.

한국공항은 왜 시장에서 무시당할까? 유동성이 부족하기 때문이다. 거래량이 너무 없기 때문에 사고팔기가 쉽지 않다. 또 회사가 주주보다는 대주주인 대한항공과 대한항공의 오너를 위한 경영을 해왔기 때문에 주주들로부터 외면을 받는 것이다.

그럼 이 회사가 달라질 수 있을까? 달라져야 주가가 제자리를 찾을 수 있다. 최근 대한항공과 아시아나항공의 합병이 추진되고 있다. 만약 합병이 성사된다면 한국공항은 아시아나항공에도 서비스를 제공하여 매출이 늘어날 수 있다. 게다가 대한항공의 재무적 어려움으로 한국공항에 배당금을 늘리게 할 수도 있다. 이런 상상이

현실화될지는 두고봐야 하며 저평가 상태로 계속 남아 있을 가능성
도 배제할 수 없다. 그렇지만 더 나빠질 게 없고 안전마진을 확보하
고 있다고 생각하기 때문에 투자할 수도 있는 것이다. 이 가격대에
서 배당수익률은 2.2퍼센트로 은행이자보다 낫다.

벤저민 그레이엄의 주식투자 기준을 활용해 싼 종목 찾기를 해보
면 수익률을 높이는 데 도움이 될 것이다.

조용히 확실하게
이기는 주식투자

춘추전국시대의 전략가 손자는 이렇게 말했다.

> 전쟁을 잘하는 장수는 혁혁한 공이 없다. 전쟁을 잘하는 장수의 전
> 투는 비범한 승리가 없고, 지모로 쌓은 명성이 없으며, 용감하게 싸
> 워 세운 공로도 없다.

이 글은 나로 하여금 많은 생각을 하게 했다. 어떻게 비범함도 없
고, 지모도 없고, 용맹도 없고, 혁혁한 공도 없이 전쟁에서 이기는
뛰어난 장수가 될 수 있을까?

"누구라도 그렇게만 하면 반드시 이길 수 있는 전쟁"을 하는 장
수가 바로 손자가 말하는 전쟁을 잘하는 장수다. 그렇다면 중요한
것은 누구라도 그렇게 하면 반드시 이길 수 있는 전쟁은 어떤 전쟁
을 말하는 것일까? 그것을 아는 것이 요체다.

투자도 마찬가지다. 그렇게만 하면 반드시 이길 수 있는 투자방법을 찾아야 한다. 그것만 알면 게임 끝이다. 그렇다면 반드시 이기는 투자법이 있기는 한 걸까? 나는 평생 동안 그 방법을 찾으려 노력했다.

이 책의 첫머리에서 나는 '자신에게 맞는 투자법'을 스스로 찾아야 한다고 말했다. 어쩌면 황당한 궤변처럼 들릴 수도 있지만, 그것이야말로 내가 찾은 유일한 정답이다. 자신에게 맞는 투자법을 스스로 찾아야 한다. 이것이 최선이다.

당신이 아직 자신에게 맞는 투자법을 찾지 못했다고 해도 실망할 필요는 없다. 누구라도 이길 수 있는 투자법이 있기 때문이다. 얼마 전, 워런 버핏과 동료 찰리 멍거는 CNBC의 특별방송 프로그램 〈버핏과 멍거 : 부의 지혜 Buffett & Munger: A Wealth of Wisdom〉에 함께 출연하여 '누구라도 하기만 하면 이길 수 있는 투자법'에 대해 이야기했다. 워런 버핏은 예나 지금이나 변함없이 딱 잘라 말한다.

인덱스펀드에 투자하라!

특히 노후자금을 마련하려는 사람들에게 인덱스펀드가 가장 좋은 방법이라고 강조한다. 인덱스펀드는 애플, 구글, 마이크로소프트 같은 유명 회사는 물론 S&P500 지수에 포함된 모든 기업을 보유하고 있어, 투자가 고도로 분산되어 있기 때문에 상대적으로 주가가 일정하게 유지되어 단일 주식을 선택하는 데 따른 과도한 기복을 피할 수 있다.

2020년 연구에 따르면 실제로 인덱스펀드 투자는 지난 15년 동안 대형 펀드의 92퍼센트를 능가하여 전문투자자가 운용하는 펀드보다 더 성공적인 것으로 나타났다. 그렇다. 인덱스펀드에 투자한 투자자는 비범함도, 지모도, 혁혁한 공도 없이 투자에서 승리를 거둘 수 있다. 이것이 바로 손자가 말하는 전쟁을 잘하는 장수가 전쟁하는 방법이다.

처음 시작하는 주식투자에서 화려한 쇼를 기대하는 것은 바보짓이다. 조용히 확실하게 이기는 방법을 두고 왜 굳이 실패로 점철된 험난한 길을 가려 하는가. 혁혁한 공은 없지만 전쟁에서 이기는 장수가 명예로운 최후를 맞는다는 것을 기억하기 바란다.

초보자를 위한 투자의 정석

초판 1쇄 발행	2021년 10월 29일
초판 14쇄 발행	2024년 9월 27일

지은이	우석
펴낸이	김영범

펴낸곳	(주)북새통·토트출판사
주소	서울특별시 마포구 월드컵로36길 18 삼라마이다스 902호
대표전화	02-338-0117
팩스	02-338-7160
출판등록	2009년 3월 19일 제 315-2009-000018호
이메일	thothbook@naver.com

©우석, 2021
ISBN 979-11-87444-69-5 03320

잘못된 책은 구입한 서점에서 교환해 드립니다.